나만의 일본어 가이드북

현지에서 바로 통하는

여행 일본어회화

KB127819

JPLUS

머리말

세계화, 국제화 시대에 이제 일본이나 다른 외국으로 여행을 가는 발걸음은 그다지 생소하지 않게 되었습니다. 순수한 여행이나 워킹홀리데이, 또는 직장인의 출장까지 빈번한 교류는 물론이고, 최근에는 초등학교나 중학교에서도 단체여행을 하는 경우도 늘고 있습니다. 이 책은 일본어를 전혀 모르는 사람이라도 안심하고 떠날 수 있도록 기본인사와 상황별 회화표현, 그리고 적절한 현지 정보와 주의할 점 등을 넣은 여행 회화책입니다. 특히 MP3음원에는 한국어와 네이티브의 발음을 같이 들을 수 있게 하여 교재 없이 음원만 들어도 충분히 회화훈련을 할 수 있게 하였습니다. 여행 시 가이드가 같이 있다면 따로 일본어를 할 수 있는 기회가 별로 없겠지만, 혼자서 물건을 살 때나 길을 물을 때, 호텔에서 혹은 자유시간에 거리에 나갔을 때, 전시회장이나 거래처에 들렀을 때와 같이 혼자서 해결해야 할 때, 꼭 필요한 표현을 넣으려고 애썼습니다. 해외에 나가면 외국어가 자신이 없어서, 아무말도 못하고 본의 아니게 무뚝뚝한 사람이 되어 버리는 경우가 많습니다. 부디 이 책이 필요한 상황에서 도움이 될 수 있었으면 하고, 더불어 이 책이 일본어를 익히는 계기가 되었으면 하는 기대도 해 봅니다.

목차 contents

07 쇼핑하기

08 은행우편

09 관광하기

10 즐기기

목차 contents

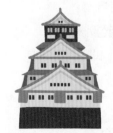

01

서바이벌

출발하기 전에 꼭 알아야 할 정보와
여행을 즐겁게 하는 말 한마디

1. 이 정도는 알고 가야죠?

1. 일본 글자 읽는 법 / 가타카나 읽는 법

일본어는 히라가나와 가타카나 그리고 한자로 구성되어 있습니다. 한자는 우리나라와 같은 한자를 쓰기도 하지만, 더 간단하게 줄인 일본식 한자인 약자를 쓰는 경우가 많습니다. 가령 '한국'은 '韓國'으로 표기하지만, 일본 한자는 '韓国'으로 표기하고, 'かんこく(캉코쿠)'라고 읽습니다. 가타카나는 주로 외래어나 의성어, 의태어 등을 표기할 때 쓰는데, 일본에서도 외래어를 많이 쓰기 때문에 가타카나도 눈에 많이 띄는 편입니다.

또한 일본어는 우리나라 말과 같은 알타이어 계통의 언어로 어순이 거의 비슷합니다. 경어와 반말체도 따로 있고, 용어도 거의 비슷한 것이 많아 한문만 어느 정도 읽을 수 있어도 대략적인 뜻을 알 수 있을 정도입니다.

2. 일본어 발음하는 법

❶ 청음 – 옆쪽의 글자들처럼 탁음이나 장음부호가 없는 것을 청음(清音) 즉 맑은소리라고 합니다. 글자 발음 그대로 또박또박 읽어주면 됩니다.

うえの(上野)	우에노(지명)
あおもり(青森)	아오모리(지명)
にほん(日本)	일본

あア 아	いイ 이	うウ 우	えエ 에	おオ 오
かカ 카	きキ 키	くク 쿠	けケ 케	こコ 코
さサ 사	しシ 시	すス 스	せセ 세	そソ 소
たタ 타	ちチ 치	つツ 츠	てテ 테	とト 토
なナ 나	にニ 니	ぬヌ 누	ねネ 네	のノ 노
はハ 하	ひヒ 히	ふフ 후	へヘ 헤	ほホ 호
まマ 마	みミ 미	むム 무	めメ 메	もモ 모
やヤ 야		ゆユ 유		よヨ 요
らラ 라	りり 리	るル 루	れレ 레	ろロ 로
わワ 와				をヲ 오
んン 응				

❷ 탁음 – かきくけこ, さしすせそ, たちつてと, はひふへほ에 따옴
표처럼 생긴 탁점이 붙은 글자들을 탁음이라고 합니다. 가
령 かきくけこ에 탁음이 붙으면 がぎぐげご(가기구게고)
라고 읽습니다. 대충 읽으면 되는 것이 아니라 탁음이면 탁
음으로 정확하게 읽어줘야 합니다. 발음 변화는 가타카나도
마찬가지입니다.

がぎぐげご	가 기 구 게 고
ざじずぜぞ	자 지 즈 제 조
だぢづでど	다 지 즈 데 도
ばびぶべぼ	바 비 부 베 보

まと(마토) : 과녁	まど(마도) : 창문
ふた(후따) : 뚜껑	ぶた(부따) : 돼지

❸ 반탁음 – はひふへほ 어깨에 동그라미같이 생긴 반탁점「°」이 붙은 글자인데 발음은 빠삐뿌뻬뽀로 읽을 때도 있고, 파피푸페포로 읽을 때도 있습니다. 앞에 오는 발음에 따라 약간 달라집니다.

ぱぴぷぺぽ	빠 삐 뿌 뻬 뽀

べっぷ(벳뿌) : 벳뿌(지명)
たんぽぽ(단뽀뽀) : 민들레

❹ 촉음과 ん 발음 – 일본어는 기본적으로 받침이 없지만, 받침 역할을 하는 글자가 두 개 있습니다. 바로 つ(츠)와 ん(응)입니다. つ(츠)는 단독으로도 쓰지만, 촉음으로 쓰일 때는 반각 크기로 작게 쓰고, 'ㅅ'과 같은 받침 역할을 합니다.

きって(깃테) : 우표	ごはん(고항) : 밥

❺ **장음** - 같은 모음이 이어질 때는 따로 읽지 않고 앞의 모음을 길게 장음으로 읽어줍니다. 가령 '크다'는 뜻의 'おおきい'는 하나씩 읽으면 '오오키이'지만, 실제 발음은 '오 - 키 - '로 들리는 것입니다. 이 책에서는 장음으로 읽히는 것은 " - "로 표기하였으므로 바로 앞글자의 모음을 한 박자 더 길게 읽어 주면 됩니다.

> おばさん(오바상) : 아주머니 おばあさん(오바-상) : 할머니
>
> おじさん(오지상) : 아저씨   おじいさん(오지-상) : 할아버지

❻ **억양** - 일본어도 억양이 있는데, 인토네이션만 들으면 우리나라 경상도 억양에 가깝다고 할 수 있습니다. 단어별로 가령, 고저, 고고저, 저고 처럼 규칙이 있어서, '아메'라고 읽으면 '비'라는 뜻이지만, '아메'라고 읽으면 '사탕'이랑 뜻이 된다거나 하는 것이 있지만, 외국인이 말했을 때 억양 때문에 못 알아들을 정도는 아니므로 단어 하나하나를 정확하게 발음해주면 됩니다. 억양보다는 오히려 장음이나 탁음에 주의해서 발음해야 합니다.

2. 여행준비

⭐ **일본으로 여행갈 준비는 다 됐나요?**

☑ 해외여행 필수품

☐ 여권·비자   ☐ 항공권
☐ 약간의 현금(엔화)   ☐ 신용 카드
☐ 국제 학생증(학생의 경우) ☐ 휴대폰 충전기
☐ 숙소 바우처(호텔 예약 확인서)
☐ 필기도구   ☐ 비상 사진(여권용)
☐ 가이드북·지도·회화집

요즘은 스마트폰만 있으면 여행 정보와 지도, 번역기, 사진 등 모든 것이 가능합니다. 반대로 말하면, 스마트폰을 분실하면 아무것도 못 하는 것이지요. 만일을 대비해서 지도나 간단한 여행회화책 한 권은 준비하는 것이 좋습니다.

☑ 안 가져갔다가 후회하는 물건들

☐ 치약·칫솔·수건·비누
☐ 화장품·빗·면도기
☐ 드라이어(일본은 110V. 호텔에 있기도 함)
☐ 선글라스·생리용품·자외선 차단크림
☐ 비상약·손톱깎기·귀이개
☐ 셔츠·바지·속옷
☐ 비닐 봉지
☐ 양말·스타킹·편한 신발
☐ 작은 손가방
☐ 티슈·손수건
☐ 반짇고리

호텔이나 현지에서는 편하게 저녁에 돌아다닐 수 있게 편한 신발 하나
는 가져가는 것이 좋습니다.

Tip 각종 증명서 만들기

1. 유스호스텔증

일본 전국에는 420개 정도의 유스호스텔이 있다. 유스호스텔을 이용하려면 미
리 우리나라에서 유스호스텔증을 발급받는 것이 좋다. 유스호스텔증 없이 가
면 현지에서 추가 요금에 해당하는 'Welcome stamp'를 받거나, 현지의 유스
호스텔 연맹에서 유스호스텔증을 발급받아야 하는데, 우리나라보다 비싼 요금
을 내야 한다.

발급비 : 만 18세 이상 개인 20,000원(자세한 대상과 가격은 한국유스호스텔 연맹
홈페이지 참고)

한국 유스호스텔 연맹 : http://www.kyha.or.kr/ 사이트에서 국제회원증을 신
청하면 된다.

2. 국제운전면허증

일본에서 운전하려면 국제운전면허증이 필요하다. 국제운전면허증은 주민등
록증과 운전면허증, 여권, 여권용 컬러사진 1장을 들고 면허시험장으로 가져가
면 24시간 이내에 발급해 준다. 단, 일본은 한국과 운전 방향이 반대로 되어 있
다. 또, 일본은 도로가 많이 막히기 때문에 보통은 지하철이나 전철을 많이 이
용하는 편이다.

1. 일본은

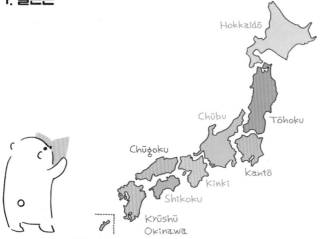

일본은 우리나라와 가까워서 비행기를 타면 나리타공항까지 1시간 30분 정도면 도착합니다. 위에서부터 홋카이도, 혼슈, 시코쿠, 큐슈의 4개의 큰 섬과 그 주위에 있는 7천여 개의 작은 섬들로 된 섬나라입니다. 나라가 긴 편이어서 위쪽의 삿포로와 남쪽의 오키나와는 기후 차가 큰 편입니다.

2. 동경은

우리나라의 서울에 해당하는 곳인데, 세계적으로도 물가가 비싸고 인구도 많아 매우 번잡한 곳입니다. 경제와 문화 등이 집중된 곳인 만큼 볼거리도 많지만, 특징은 서울과 달리 산이 없어서 도쿄타워에서 보면 시내가 탁 트여 빌딩만 보인다는 것입니다. 온천이나 산으로 여행 가는 사람들은 모두 전철을 타고 하코네, 닛코, 또는 벳푸 등으로 나가는 것이 보통입니다.

서
바
이
벌

3. 교통

일본의 도로 사정은 그다지 좋지 못하여 길이
많이 막히는 편이지만, 그 대신 전철이 상당
히 발달되어 있어, 구석구석 다니지 않는 곳
이 없을 정도입니다. 일본인들의 가장 중요한
교통수단이 바로 전철이라고 할 수 있습니다.
차는 있더라도 집에 두고 출퇴근은 전철로 하
는 것이 보통입니다.

国道
246
ROUTE

4. 음식

세계음식을 모두 맛볼 수 있을 정도로 다
양한 나라의 음식을 맛볼 수 있지만, 일본
에 간다면 본고장의 초밥을 맛보는 것도
좋습니다. 하지만, 가격은 꽤 비싼 편. 대체
적인 음식값은 한국의 1.5배 정도에 해당하
는데, 돔부리라고 하는 덮밥이나 우동, 소
바는 부담 없이 즐길 수 있지만, 라멘(일본의 전통 수타라멘)은 돼지
뼈 국물을 기본으로 하므로 입에 맞지 않는 경우도 있고, 낫토도 외
국인이 먹기 어려워하는 음식의 하나입니다.

♫ MP3 01-4

안녕하세요? (아침)

おはよう(ございます)。
오하요-(고자이마스)

안녕하세요? (낮인사)

こんにちは。
곤니치와

안녕하세요? (밤인사)

こんばんは。
곤방와

안녕히 주무세요. (잠자기 전에)

おやすみなさい。
오야스미나사이

안녕! (친구끼리)

やあ!
야아!

잘 지내십니까?

お元気ですか?
오겡키데스까?

잘 지내셨습니까?

お元気でしたか?
오겡키데시따까?

처음 뵙겠습니다.

はじめまして。

하지메마시떼

잘 부탁합니다.

どうぞ よろしく。

도-조 요로시꾸

저야말로.

こちらこそ。

고치라코소

그럼, 또 만나요.

じゃあ、また。

쟈-, 마따

안녕히 가세요.

さようなら。

사요-나라

살펴 가세요.

気を つけて。

키오 츠케떼

신세 많이 졌습니다.

お世話になりました。

오세와니나리마시따

🎧 MP3 01-5

실례합니다. (사람을 부를 때)

すみません。
스미마셍

누구 계세요? (가게에 들어가면서)

すみません。
스미마셍

누구 계세요? (집을 찾아갔을 때 현관에서)

ごめんください。
고멘구다사이

여기요! (식당, 가게, 길거리 등에서 사람을 부를 때)

すみません。
스미마셍

잠깐 좀 여쭤보겠는데요.

ちょっと お尋ねしたいんですが…。
촛또 오타즈네시따인데스가…

잠깐만요.

ちょっと すみません。
촛또 스미마셍

잠깐 괜찮으세요? (말을 걸 때)

ちょっと いいですか?
촛또 이이데스까?

6. 감사 · 사과

서바이벌

미안해요.

ごめんなさい。

고멘나사이

죄송합니다.

すみません。

스미마셍

죄송해요. (발을 밟았다)

どうも すみません。

도-모 스미마셍

앗, 실례. (말하다가 갑자기 재채기)

ちょっと 失礼。

촛또 시츠레-

괜찮아요.

いいんですよ。/ 気に しないで ください。

이인데스요 / 키니 시나이데 구다사이

감사합니다.

ありがとう(ございます)。

아리가토-(고자이마스)

천만에요.

どういたしまして。

도-이따시마시떼

∩ MP3 01-7

■ 어서 오십시오.

いらっしゃいませ。
이랏샤이마세

이건 / 그건 / 저건 뭐예요?

これは / それは / あれは 何^{なん}ですか?

これは / それは / あれは 何ですか?
고레와 / 소레와 / 아레와 난데스까?

얼마예요?

いくらですか?
이꾸라데스까?

할인 안 돼요?

安^{やす}く ならないですか? / 割引^{わりびき} ダメですか?
야스꾸 나라나이데스까? / 와리비키 다메데스까?

싸게 해 주세요.

安^{やす}く して ください。
야스꾸 시떼 구다사이

그것 좀 보여 주세요.

それを 見^みせて ください。
소레오 미세떼 구다사이

これ ください。

이거 주세요.

これ 下^{くだ}さい。
고레 구다사이

여기가 어디예요?

ここは どこですか?
고꼬와 도꼬데스까?

여기가 신주쿠역인가요?

ここが 新宿駅ですか?
고꼬가 신주쿠에키데스까?

어디에 있어요?

どこに ありますか?
도꼬니 아리마스까?

역은 어떻게 가면 되죠?

駅へは どう 行ったら いいですか?
에끼에와 도- 잇따라 이이데스까?

길을 좀 가르쳐 주세요.

道を 教えて ください。
미치오 오시에떼 구다사이

죄송하지만, 약도를 좀 그려주시겠어요?

申し訳ありませんが、地図を 描いて いただけますか?
모-시와케아리마셍가, 치즈오 카이떼 이따다케마스까?

저도 잘 모릅니다.

私も よく わかりません。
와따시모 요꾸 와카리마셍

21

MP3 01-9

누구세요?

どちらさまですか?/ だれですか?
도치라사마데스까? / 다레데스까?

몇 개예요?

いくつですか? / 何個ですか?
이꾸츠데스까? / 난코데스까?

몇 살이에요?

おいくつですか?
오이구츠데스까?

어느 쪽이죠?

どっちですか? / どちらですか?
돗치데스까? / 도치라데스까?

어디입니까?

どこですか?
도꼬데스까?

どっちですか?

어디서 오셨어요?

どちらから いらっしゃったんですか?
도치라까라 이랏샷딴데스까?

이름이 어떻게 되세요?

おなまえは なんですか?
오나마에와 난데스까?

언제요?

いつですか?

이츠데스까?

왜요?

どうしてですか? / なぜですか?

도-시떼데스까? / 나제데스까?

지금 몇 시예요?

今 何時ですか?

이마 난지데스까?

가능합니까?

できますか?

데끼마스까?

괜찮습니까?

大丈夫ですか?

다이죠-부데스까?

상관없나요?

かまいませんか?

카마이마셍까?

■ 한국말 아세요?

韓国語 わかりますか?

캉코쿠고 와카리마스까?

MP3 01-10

부탁합니다.

お願いします。

오네가이시마스

좀 물어봐도 될까요?

お聞きしても いいですか?

오키키시떼모 이이데스까?

괜찮습니다.

大丈夫です。

다이죠-부데스

좋아요.

いいですよ。

이이데스요

ええ、
そうしましょう。

네, 그렇게 하세요.

ええ、そうしましょう。

에에, 소-시마쇼-

상관없습니다.

構いません。

카마이마셍

알겠습니다.

わかりました。

와카리마시따

24

저도 잘 몰라요.

私も よく 分かりません。

와따시모 요꾸 와카리마셍

그건 좀 (곤란한데요.)

それは ちょっと(困るんですが)…。

소레와 촛또(코마룬데스가)…

거절하겠습니다.

お断りいたします。

오코토와리이따시마스

LEARN
HOW TO
SAY
"NO"

안돼요.

駄目です。

다메데스

지금 좀 바빠서요.

今 ちょっと 手が 離せないんですが。

이마 촛또 테가 하나세나인데스가

할 수 없네요.

仕方ないですね。

시카타나이데스네

됐어요. (거절)

あ、いいです。

아, 이이데스

네. / 아니오.

はい。/ いいえ。
하이 / 이이에

はい、そうです。

네, 맞아요.

はい、そうです。
하이, 소-데스

아뇨, 아닌데요.

いいえ、違います。
이이에, 치가이마스

됐습니다. (거절)

結構です。
겟코-데스

좋아요.

ええ。いいですよ。
에-. 이이데스요

싫어요.

嫌です。
이야데스

일본어 잘 몰라요.

日本語 よく 分かりません。
니홍고 요꾸 와카리마셍

02

기내에서

설레는 마음으로 비행기를 타셨나요?
이제 실전으로 들어가는거죠!

■ 좌석표를 보여 주시겠습니까?

座席票の 方 お見せいただけますか?

자세키효-노 호- 오미세이따다케마스까?

제 자리는 어디예요?

私の 席は どこですか?

와따시노 세끼와 도꼬데스까?

이거 기내에 들고 들어가도 돼요?

これを 機内に 持ち込んでも いいですか?

고레오 기나이니 모치콘데모 이이데스까?

■ 일행이십니까?

ご同行でいらっしゃいますか?

고도-코-데이랏샤이마스까?

저 사람과 일행인데, 자리를 좀 바꿔 주세요.

あの人と 同行なんで、席を 替えて ください。

아노히또또 도-코-난데, 세끼오 카에떼 구다사이

가방 올리는 것 좀 도와주세요.

かばんを 上げるのを 手伝って ください。

가방오 아게루노오 테츠닷떼 구다사이

좀 지나가게 해 주세요.

ちょっと 通して ください。

촛또 토오시떼 구다사이

곧 이룩하겠습니다.
まもなく離陸致します。
마모나쿠 리리쿠이따시마스

퍼스트클래스	ファーストクラス	화－스토크라스
비즈니스클래스	ビジネスクラス	비지네스크라스
이코노미클래스	エコノミークラス	에코노미크라스
승객	乗客(じょうきゃく)	죠－캬쿠
승무원	乗務員(じょうむいん)	죠－무잉
안전벨트	安全(シート)ベルト	안젠(시－토)베루토
산소마스크	酸素(さんそ)マスク	산소마스쿠
화장실	トイレ	토이레
비상구	非常口(ひじょうぐち)	히죠－구치
금연	禁煙(きんえん)	킹엥
현지시각	現地時刻(げんちじこく)	겐치지코쿠
밀다	押(お)す	오스
당기다	引(ひ)く	히꾸
비었음	空(あ)き	아키
사용중	使用中(しようちゅう)	시요－츄－

2. 기내 서비스

MP3 02-2

■ 음료 드시겠습니까?

お飲み物の 方は お召し上がりに なられますか?

오노미모노노 호-와 오메시아가리니 나라레마스까?

コーヒー、お願いします。

커피 / 주스 / 생수(물) 주세요.

コーヒー / ジュース / 水 下さい。

코-히- / 주-스 / 미즈 구다사이

커피 한 잔 / 맥주 하나 더 주세요.

コーヒーを もう一杯 / ビールを もう一本 下さい。

코-히-오 모-입빠이 / 비-루오 모-잇뽕 구다사이

아뇨, 됐어요.

いいえ、結構です。

이이에, 겟코-데스

(커피를 쏟았다) 저, 휴지 좀 주세요.

すみません、ティッシュ 下さい。

스미마셍, 팃슈 구다사이

■ 치워 드리겠습니다.

お片づけいたします。

오카따즈케이따시마스

이건 무슨 고기예요?

これは 何の 肉ですか?

고레와 난노 니꾸데스까?

30

화장실 가도 돼요?

トイレに 行っても いいですか?

토이레니 잇떼모 이이데스까?

이어폰 좀 갖다 주세요.

イヤホンを 下さい。

이야홍오 구다사이

독서등 좀 켜 주실래요?

明かり(照明)つけて いただけますか?

아까리(쇼-메-)즈께테 이따다케마스까?

신문 있어요?

新聞 ありますか?

심분 아리마스까?

베개와 모포 좀 갖다 주세요.

枕と 毛布を 下さい。

마꾸라또 모-후오 구다사이

■ 벨트를 매 주세요.

ベルトを 締めて ください。

베루또오 시메떼 구다사이

■ 등받이를 세워 주세요.

シートを 起こして ください。

씨-또오 오코시떼 구다사이

■ 입국카드 필요하신 분?

入国カードが 必要な 方は?
にゅうこく　　　　　ひつよう　　かた

뉴-코꾸 카-도가 히츠요-나 카따와?

한 장 주세요.

一枚 下さい。
いちまい　くだ

이찌마이 구다사이

면세품 지금 살 수 있어요?

免税品 今 買えますか?
めんぜいひん　いま　か

멘제-힝 이마 카에마스까?

면세쇼핑 목록 좀 보여 주세요.

免税品の カタログを 見せて ください。
めんぜいひん　　　　　　　　　　　み

멘제-힝노 카타로구오 미세떼 구다사이

이걸로 하나 주세요.

これを 一つ 下さい。
ひと　　くだ

고레오 히또츠 구다사이

카드도 돼요?

カードで いいですか? / カード 使えますか?
つか

카-도데 이이데스까? / 카-도 츠카에마스까?

면세점보다 싼가요?

免税店より 安いですか?
めんぜいてん　　　やす

멘제-텡요리 야스이데스까?

기내에서

■ 손님, 무슨 일이세요?

お客様、どうか なさいましたか?

오캬꾸사마, 도-까 나사이마시따까?

저 속이 좀 안 좋아요.

お腹の 調子が 良くないんですが。

오나까노 쵸-시가 요꾸나인데스가

토할 것 같아요. / 올라올 것 같아요.

吐きそうです。 / 戻しそうです。

하키소-데스 / 모도시소-데스

멀미약을 좀 주세요.

酔い止めを 下さい。

요이도메오 구다사이

추워요. 모포를 좀 주세요.

寒いので、毛布を 頂けますか。

사무이노데, 모-후오 이따다케마스까?

냉수 한잔만 좀 갖다 주실래요?

冷や水を 一杯だけ 持って来て いただけますか?

히야미즈오 입빠이다케 못떼키떼 이따다케마스까?

■ 난기류 / 짙은 안개 / 1시간 연착입니다.

乱気流 / 濃霧 / 一時間 延着です。

란키류- / 노-무 / 이찌지캉 엔쨔쿠데스

33

☆ 입국카드 작성시 필요한 말

국적	国籍(こくせき)	고쿠세키
기혼	既婚(きこん)	키콘
독신(미혼)	独身(どくしん)	도쿠신
성	名字(みょうじ)	묘-지
이름	名前(なまえ)	나마에
여권번호	旅券番号(りょけんばんごう)	료켄방고-
생년월일	生年月日(せいねんがっぴ)	세-넨 갓삐
연락처	連絡先(れんらくさき)	렌라쿠사키
여행지	旅行先(りょこうさき)	료코-사키 -

03

공항에서

비행기에서 내리면 입국 심사대로 이동합니다.
입국 심사대에 도착하면 내국인 / 외국인 안내표시에 따라
외국인 심사대에서 입국심사를 받습니다.

■ 여권을 보여 주세요.

パスポートを 提示して ください。

파스포-토오 테-지시떼 구다사이

■ 여행목적은 무엇입니까?

旅行の 目的は なんですか?

료코-노 모쿠테끼와 난데스까?

관광입니다. (단체관광 / 출장 / 유학 / 홈스테이)

観光です。(団体観光/ 出張 / 留学 / ホームステイ)

캉코-데스 (단 따 이 캉코- / 슛쵸- / 류-가꾸 / 호- 무 스 테 이)

■ 얼마나 체류합니까?

滞在期間の 予定は?

타이자이키칸노 요테이와?

3일간입니다. (5일간 / 일주일 / 한 달 / 6개월)

3 日間です。(5日間 / 1 週間/ 1ヶ月間 / 6ヶ月間)

밋카칸데스 (이츠까칸 / 잇슈-칸 / 잇까게츠칸 / 롯까게츠칸)

■ 머무시는 곳은?

宿泊先は?

슈큐하쿠사키와?

프린스호텔입니다.

プリンスホテルです。

푸린스호테루데스

입국심사	入国審査	뉴-코쿠신사
입국카드	入国カード	뉴-코쿠카-도
일본인	日本人	니혼진
외국인	外国人	가이코쿠진
여권	パスポート	파스포-토
귀국항공권	帰国用航空券	키코쿠요-코-쿠-켄
수화물	手荷物	테니모츠
친구집 방문	友人宅訪問	유-진타꾸호-몬
친척방문	親戚訪問	신세키호-몬
수학여행	修学旅行	슈-가쿠료코-
유학	留学	류-가쿠
기숙사	寄宿舎	기슈쿠샤
민박	民宿	민슈꾸

パスポートを 提示して ください。

CUSTOM

Tip 입국심사

입국심사 표지를 따라가서 입국심사를 받으면 되는데, 일본인은 일본인재입국으로, 외국인은 外人(外国人)으로 가서 줄을 선다. 특별한 질문없이 통과하기도 한다.

짐은 어디서 찾죠?

荷物の 受取りは どこで できますか？
니모츠노 우케토리와 도꼬데 데끼마스까?

가방을 잃어버렸어요.

かばんを なくしました。
가방오 나꾸시마시따

제 가방이 아직 안 나왔어요.

私の かばんが まだ 出て来ません。
와따시노 가방가 마다 데떼키마셍

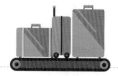

계속 기다렸는데, 안 나왔어요.

ずっと 待ったんですけど、出て来ませんでした。
즛또 맛딴데스케도, 데떼키마셍데시따

■ 어떤 가방이죠?

どんな かばんですか？
돈나 가방데스까?

파란색 보통 여행가방입니다.

青色の 普通の 旅行かばんです。
아오이로노 후츠-노 료코-카방데스

찾으면 이쪽으로 연락 주세요.

見つかったら ここに 連絡して ください。
미츠깟따라 고꼬니 렌라꾸시떼 구다사이

3. 세관

■ 신고하실 것 있습니까?

何か 申告される 物 ございますか?
<ruby>何<rt>なに</rt></ruby>か <ruby>申告<rt>しんこく</rt></ruby>される <ruby>物<rt>もの</rt></ruby> ございますか?

나니까 신코쿠사레루 모노 고자이마스까?

■ 술이나 담배는?

お酒や タバコは?
お<ruby>酒<rt>さけ</rt></ruby>や タバコは?

오사케야 타바꼬와?

없습니다.

ありません。

아리마셍

ありません。

■ 가방을 열어 주세요.

かばんを 開けて ください。
かばんを <ruby>開<rt>あ</rt></ruby>けて ください。

가방오 아케떼 구다사이

■ 이건 뭐예요?

これは 何ですか?
これは <ruby>何<rt>なん</rt></ruby>ですか?

고레와 난데스까?

선물이에요. (인형 / 라이터 / 카메라 / 음식 / 복용약)

お土産です。(人形 / ライター / カメラ / 食品 / 薬)
お<ruby>土産<rt>みやげ</rt></ruby>です。(<ruby>人形<rt>にんぎょう</rt></ruby> / ライター / カメラ / <ruby>食品<rt>しょくひん</rt></ruby> / <ruby>薬<rt>くすり</rt></ruby>)

오미야게데스 (닌교- / 라이타- / 카메라 / 쇼쿠힝 / 구스리)

제가 쓰는 물건이에요.

私が 使う 物です。
<ruby>私<rt>わたし</rt></ruby>が <ruby>使<rt>つか</rt></ruby>う <ruby>物<rt>もの</rt></ruby>です。

와따시가 츠까우 모노데스

공항에서

🎧 MP3 03-4

신주쿠까지 어떻게 가면 돼요?

新宿までどう行ったらいいんですか?

신주쿠마데 도- 잇따라 이이데스까?

나리타익스프레스는 어디서 타나요?

成田エクスプレスの乗り場はどこですか?

나리타엑스프레스노 노리바와 도꼬데스까?

지하로 내려가야 하나요?

地下に降りなければいけませんか?

지카니 오리나케레바 이케마셍까?

매표소는 어디에 있어요?

切符売り場はどこですか?

킷뿌 우리바와 도꼬데스까?

Tip 공항에서 시내로 가는 방법

나리타공항은 시내에서 꽤 떨어진 곳이므로 택시를 이용하는 사람은 거의 없다. 보통 전철이나 리무진버스, 스카이라이너 등을 이용하는데, 전철은 京成線(게이세이선)을 타면 우에노까지 갈 수 있고, 신주쿠까지는 나리타익스프레스로 1시간 정도면  간다. 운임은 비싼편. 리무진버스는 편하게 가지만, 도심이 많이 막히므로, 서너 시간 걸릴 수도 있다. 또, 짐이 많을 때는 입국심사를 마치고 나오면 1층인데, 왼쪽 끝으로 가면 택배서비스 하는 곳이 있으므로 무거운 짐은 시내로 부치고 갈 수도 있다.

시애틀로 가는 비행기를 타야 합니다.

シアトル行きの 飛行機に 乗らなければなりません。

시아토루유끼노 히코-키니 노라나케레바나리마셍

환승객은 어디로 나가면 되죠?

乗り継ぎの 場合は どこに 行けば いいのですか。

노리츠기노 바아이와 도꼬니 이케바 이이노데스까?

공항에서

예정대로 출발하나요?

予定通り 出発しますか?

요테-도-리 슛빠츠시마스까?

11시 비행기예요.

１１時の 飛行機です。

쥬-이치지노 히코-키데스

■ 그 비행기는 안개 때문에 결항입니다.

その 飛行機は 霧の ために 欠航です。

소노 히코-키와 키리노 타메니 켓코-데스

■ 방송을 기다려 주세요.

放送を 待って ください。

호-소-오 맛떼 구다사이

어디서 기다리면 되죠?

どこで 待てば いいんですか?

도꼬데 마테바 이인데스까?

04

이동하기

일본은 대중교통이 매우 발달하여 지하철노선이 많습니다.
출퇴근 시간을 피하여 대중교통을 이용해 보는 것은 어떨까요?

MP3 04-1

야마노테센 타는 곳은 어디예요?

山の手線の 乗り場は どこですか?

야마노테센노 노리바와 도꼬데스까?

얼마예요?

いくらですか?

이꾸라데스까?

이거 어떻게 하는 거죠? 가르쳐 주세요. (표 살 때)

乗車券購入の 仕方を 教えて ください。

죠-샤켕코-뉴-노 시카따오 오시에떼 구다사이

얼마나 걸려요?

どのくらい かかりますか?

도노쿠라이 카카리마스까?

신주쿠까지 두 장 주세요.

新宿まで 2枚 下さい。

신주꾸마데 니마이 구다사이

이거 신주쿠까지 갑니까?

これ 新宿まで 行きますか?

고레 신주꾸마데 이끼마스까?

우에노 가려면 뭘 타야 하나요?

上野に 行くには、何に 乗れば いいですか?

우에노니 이꾸니와, 나니니 노레바 이이데스까?

■ 도쿄역에서 갈아타세요.

東京駅で 乗り換えて ください。
<ruby>東京駅<rt>とうきょうえき</rt></ruby>

도-쿄-에끼데 노리카에떼 구다사이

신주쿠 가려면 이쪽에서 타면 되나요?

新宿に 行くには、こちらで 乗れば いいのですか?

신주꾸니 이꾸니와, 고치라데 노레바 이-노데스까?

■ 아뇨, 반대쪽에서 타세요.

いいえ、反対側で 乗って ください。

이-에, 한따이가와데 놋떼 구다사이

저기요, 이케부쿠로까지 가고 싶은데요….

すみません、池袋まで 行きたいのですが…。

스미마셍, 이케부쿠로마데 이끼따이노데스가

몇 번째 역에서 내리면 될까요?

何番目の 駅で 降りたら いいんですか?

남방메노 에끼데 오리따라 이인데스까?

표(승차권)	切符(乗車券)	킷뿌(죠-샤켕)
자동판매기	自動販売機	지도-한바이키
~행 ~방면	~行き ~方面	~유키 ~호-멘
이번부터 세 번째	ここから3番目	고꼬까라 삼밤메
네 번째/ 다섯 번째	4番目/5番目	욤밤메/고밤메

일본 전철 100배 즐기기

야마노테센 역이름, 주요역과 주요명소

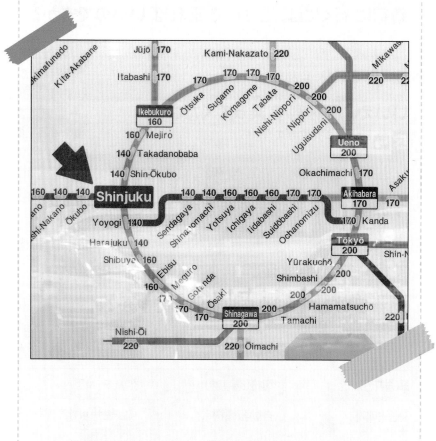

☆ 가볼만한 곳

新宿(신주꾸) ··· 三越(미츠코시), 伊勢丹(이세탄) 등의 백화점이나 紀伊国屋 (키노쿠니야)서점 등 유명한 곳이 많이 모여 있다.

澁谷(시부야) ··· 잡다한 상점들이 모여 있는 渋谷センター街(시부야센터가 이), 대형가게가 많이 있는 公園通り(코-엔도-리), 10대 패션 의 발상지로 유명한 109(이치마루큐)가 있는 道玄坂(도-겐자 카) 등이 밀집되어 있다.

上野(우에노) ··· 유명한 미술관이나 박물관이 모여 있으며 국보 수준의 작품 들을 볼 수 있다. 또한 일본에서 제일 먼저 생긴 동물원 (上野 動物園: 우에노 도-부츠엔)에는 팬더를 포함한 약 370종류의 동물들을 볼 수 있다.

神田(간다) ··· 세계에서도 유수한 고서적의 거리. 紀伊国屋(키노쿠니야), 三省 堂(산세이도-)로부터 여러 종류의 서적이 갖추어 있다.

　　　　原書房(하라쇼보-) ··· 역학서적과 한문관련 서적이 많다.
　　　　豊田書房(토요타쇼보-) ··· 주로 연극에 관련된 책이 있다.
　　　　レインボー通商(레인보-츠-쇼-) ··· 북한 서적 전문점.
　　　　文華堂書店(분카도-쇼텐) ··· 전쟁 서적 전문점.
　　　　松村書店(마츠무라쇼텐) ··· 미술, 요리, 그림책 등이 갖추어 있다.
　　　　神田古書センター(간다코쇼센타-) ··· 서점백화점. 만화나 애 니메이션에 관한 책은 中野書店(나카노쇼텐)에 많이 있다.

▶東京ゆりかもめ(도쿄유리카모메)
임해부도심의 데이트코스인 신교통시스템. 컴퓨터제어로 무인자동운전이 실 행되고 있다. 도심과 임해부도심 11.9km를 22분에 연결. 특히 바다가 보이는 전망은 로맨틱하여 젊은이들에게 인기가 있다. 이벤트가 있을 때는 특히 혼 잡하므로 요주의. JR신바시역(JR新橋駅)에서 도보 3분.

버스정류장은 어디죠?

バス停<ruby>留<rt>ていりゅう</rt></ruby>所は どこですか?

바스테-류-죠와 도꼬데스까?

신주쿠프린스호텔에 가는 리무진버스는 어디서 타나요?

新宿プリンスホテルに 行くリムジンバスはどこで 乗りますか?

신주쿠프린스호테루니 이꾸 리무진바스와 도꼬데 노리마스까?

(버스를 타고) 신주쿠프린스호텔까지 갑니까?

新宿プリンスホテルまで 行きますか?

신주쿠프린스호테루마데 이끼마스까?

요금은 얼마예요?

料金は いくらですか?

료-킹와 이꾸라데스까?

죄송하지만, 도착하면 좀 알려주세요.

すみませんが、着いたら 教えて ください。

스미마셍가, 츠이따라 오시에떼 구다사이

호텔까지 아직 멀었어요?

ホテルまで まだ かかりますか?

호테루마데 마다 카카리마스까?

몇 시쯤 도착할까요?

何時ごろ 着くでしょうか?

난지고로 츠쿠데쇼-까?

☆ 버스의 종류

고속버스	高速バス	코-소꾸바스
시내버스	市内バス	시나이바스
전세버스	貸切バス	카시키리바스
공항버스	空港バス	쿠-코-바스
하토바스	ハトバス	하토바스
버스정류소	バス停(留所)	바스테-(류-죠)
정차	停車	테이샤

 하토바스 : 도쿄도내 주요 관광지를 도는 투어버스.

이동하기

Tip **일본에서 버스를 탈 때 주의할 점**

일본의 시내버스가 한국과 가장 다른 점은 요금을 거리별로 받는다는 것과 내릴 때 정산해서 요금을 내는 것이다. 하지만 도쿄도내에서는 일정하게 (200엔 정도) 받고 있고, 각 버스 정류소에는 시각표와 노선도가 있는데, 거의 시간에 맞추어 운행되고 있다. 버스 이용법은 다음과 같다.

① 버스를 탈 때는 중간문으로 타고, 정리권(整理券 세-리켕)을 받아둔다.

② 내릴 역이 안내방송에 나오면 부저를 누르고, 미리 서 있지 말고, 멈출 때까지 기다린다.

③ 정리권에 쓰여진 번호와 버스 출구 (앞문-운전석 옆에 있는 문)에 있는 요금표를 보고, 표시된 금액을 정리권과 같이 요금함에 넣고 내리면된다. (잔돈이 없으면 출구쪽에 있는 동전교환기(両替機 료-가에키)로 미리 교환) 단, 도쿄의 버스는 요금선불, 앞으로 타고 뒤로 내린다. 대부분 전철(電車)을 이용하므로 버스는 대수도 적고 별로 눈에 띄지 않는다.

3. 택시

택시! (말없이 손을 들어 잡는 것이 보통이다.)

タクシー!

탁씨-!

■ 어서 오세요. 어디까지?

いらっしゃいませ。どちらまで?

이랏샤이마세. 도치라마데?

역까지 가 주세요.

駅まで お願いします。

에끼마데 오네가이시마스

약도가 있는데, 여기까지 가 주세요.

地図が あるんですが、ここまで 行って ください。

치즈가 아룬데스가, 고꼬마데 잇떼 구다사이

저기서 세워 주세요.

あそこで 止めて ください。

아소꼬데 토메떼 구다사이

죄송하지만, 좀 서둘러 주세요.

申し訳ありませんが、少し 急いで ください。

모-시와케아리마셍가,스꼬시 이소이데 구다사이

트렁크 좀 열어 주세요

トランクを 開けて ください。

토랑쿠오 아케떼 구다사이

☆ 택시 관련 용어

기본요금	基本料金(きほんりょうきん)	기홍료-킹
할증	割り増し(わりまし)	와리마시
거스름돈	おつり	오츠리
영수증	領収證(りょうしゅうしょう)	료-슈-쇼
빈차	空車(くうしゃ)	쿠-샤
운전기사	運転手(うんてんしゅ)	운텐슈
택시타는 곳	タクシー乗り場(のりば)	타쿠시-노리바
자동문	自動(じどう)ドア	지도-도아
앞좌석	助手席(じょしゅせき)	죠슈세키
뒷좌석	後部座席(こうぶざせき)	코-부자세키
역 앞	駅前(えきまえ)	에키마에
호텔 앞	ホテル前(まえ)	호테루마에
~빌딩 앞	~ビルの 前(まえ)	~비루노 마에

이동하기

Tip 합승은 금물!

일본에서는 택시합승을 안 한다. 문은 자동문이고, 승차거부를 하거나 택시를 잡기 위해 운전사에게 큰 소리로 목적지를 말하거나 하는 풍경은 거의 볼 수 없다. 또, 조수석에는 타지 않고 뒷자리에 타는 것이 보통이다. 기본요금은 680엔~710엔, 심야 할증은 30%. (오후 11시~아침5시)

자동차를 빌리고 싶은데요.

自動車をレンタルしたいんですが。
지도-샤오 렌타루시따인데스가

■ 국제운전면허증이 있습니까?

国際免許證は お持ちですか?
곡사이멘쿄쇼-와 오모치데스까?

■ 어떤 차종을 원하세요?

どのような 車種を お望みですか?
도노요-나 샤슈오 오노조미데스까?

보통차 / 큰 차를 원해요.

普通車が いいです。/ 大型の 車が いいです。
후츠-샤가 이이데스 / 오오가따노 쿠루마가 이이데스

■ 어디 걸로 하시겠습니까?

どちらの 車に なさいますか?
도치라노 구루마니 나사이마스까?

하루에 얼마죠?

一日 いくらですか?
이치니치 이꾸라데스까?

보험은 들어 있나요?

保険は 入って いますか?
호켄와 하잇떼 이마스까?

52

오토예요?

オートマ(automatic)ですか?

오-토마데스까?

몇 년식이죠?

何年式のですか?

난넨시키노데스까?

이동하기

■ 며칠 동안 빌리시겠어요?

レンタル期間は どのように されますか?

렌타루키캉와 도노요-니 사레마스까?

하루만 / 2일간 / 3일간 / 4일간

一日だけ/ 2日間/ 3日間/ 4日間

이치니치다케 / 후츠까캉 / 밋까캉 / 욧까캉

■ 보험에 들겠습니까?

保険に 入られますか?

호켄니 하이라레마스까?

보험료는 얼마예요?

保険料は いくらですか?

호켄료와 이꾸라데스까?

■ 다섯 시까지 주차장에 세워 두세요.

5時までに 駐車場に 入れて ください。

고지마데니 츄-샤죠-니 이레떼 구다사이

53

저기요, 주유소가 어디에 있어요?

すみません、ガソリンスタンドは どこですか?

스미마셍, 가소린스탄도와 도꼬데스까?

시동이 안 걸려요.

エンジンが かかりません。

엔진가 카카리마셍

브레이크가 고장났어요.

ブレーキが 故障^{こしょう}しました。

브레-키가 코쇼-시마시따

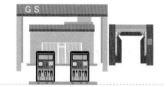

고쳐 주세요.

修理^{しゅうり}して ください。

슈-리시떼 구다사이

타이어가 펑크났어요.

タイヤが パンクしました。

타이야가 빵꾸시마시따

휘발유를 넣으면 됩니까?

ガソリンを 入^いれれば よろしいですか?

가소린오 이레레바 요로시이데스까?

삼천 엔어치 넣어주세요. (주유소에서)

3000円分^{さんぜんえんぶん}、入^いれて ください。

산젠엔분 이레떼 구다사이

가득 넣어 주세요.

満タンで お願いします。

만땅데 오네가이시마스

세차해 주세요.

洗車 お願いします。

센샤 오네가이시마스

뒷문	後(うしろ)の ドア	우시로노 도아
백미러	バックミラー	바꾸미라-
브레이크	ブレーキ	부레-키
앞문	前(まえ)の ドア	마에노 도아
액셀	アクセル	아쿠세루
운전석	運転席(うんてんせき)	운텐세키
워셔액	ウォッシャー液(えき)	윗샤-에키
창문	窓(まど)	마도
핸들	ハンドル	한도루

05

호텔에서

여행 가기 전에 가장 먼저 준비해야 하는 것이 항공권과 호텔예약이죠!
호텔 예약 사이트 등을 이용하여 미리 준비한다면 비용도 절약할 수 있답니다.

■ 프린스호텔입니다.

プリンスホテルです。

프린스호테루데스

저 예약하고 싶은데요.

予約を したいんですが。

요야꾸오 시따인데스가

오늘부터 3일간 / 4일간 / 5일간.

今日から 3 日間 / 4 日間 / 5 日間。

쿄-까라 밋까캉 / 욧까캉 / 이츠까캉

싱글로 / 트윈으로.

シングルで / ツインで。

싱그루데 / 츠인데

제 이름은 김미란입니다.

私の 名前は 金ミランです。

와따시노 나마에와 키무미란데스

스펠은 kim mi ran입니다.

スペルは kim mi ranです。

스페루와 케이아이에무 에무아이 아-루에-에누데스

1박에 얼마예요?

1 泊 いくらですか?

입빠꾸 이꾸라데스까?

■ 조식포함 만 오천 엔입니다.

<ruby>朝<rt>ちょうしょく</rt></ruby><ruby>食付<rt>つ</rt></ruby>きで 15,000<ruby>円<rt>いちまんごせんえん</rt></ruby>です。

쵸-쇼꾸츠끼데 이치만고센엔데스

■ 세금 포함 만 오천 엔입니다.

<ruby>税込<rt>ぜい こ</rt></ruby>みで 15,000<ruby>円<rt>いちまんごせんえん</rt></ruby>です。

제-코미데 이치만고센엔데스

체크인은 몇 시부터죠?

チェックインは <ruby>何時<rt>なん じ</rt></ruby>からですか?

체쿠인와 난지까라데스까?

호텔에서

Tip | **호텔보다 저렴한 곳은?**

비즈니스호텔 … 5,000엔부터, TV, 전화, 침대 등 시설이 갖추어져 있다. 식
사는 안 됨.

여관   … 8,000엔부터. 한국의 여관과 달리 일본식 전통호텔이라 생
각하면 된다. 일본의 문화를 느낄 수 있는 곳. 식사도 제공.

민박   … 일본 가정집이 운영하는 숙
박 시설. 5,000엔부터.

캡슐 호텔   … 잠만 자는 곳. 캡슐처럼 생긴
좁은 방에 누워서 잠만 잘 수 있게 되어 있다. 식
사는 안 되며 가격은 3,000엔부터.

☆ 호텔관련단어

* 로비

* 귀빈 접객실

* 트윈룸

객실	客室(room)	캬꾸시츠
귀중품	貴重品(valuabies)	키쵸-힝
귀중품 보관	貴重品預(safety box)	키쵸-힝아즈까리
내선번호	館内電話(house phone)	칸나이뎅와
다다미방	和室(room of japanese style)	와시츠
더블	ダブル(double)	다부루

로비	ロビー(lobby)	로비-
룸서비스	ルームサービス (room service)	루-무사-비스
룸 키	ルームキー(room key)	루-무키-
만실	満室(no vacancy)	만시츠
모닝콜	モーニングコール (morning call)	모-닝구코-루
방 번호	ルームナンバー (room number)	루-무남바-
방 온도	部屋の温度 (room temperature)	헤야노온도
빈 방	空室(vacancy)	쿠-시츠
세탁물봉투	洗濯物袋(laundry bag)	센따꾸모노부꾸로
세탁서비스	ランドリーサービス (laundry service)	란도리-사-비스
숙박요금	宿泊料金(hotel charges)	슈큐하쿠료-킹
스위트	スイート(suite)	스이-토
숙박하다	泊まる(stay)	토마루
싱글	シングル(single)	싱구루
예약	予約(reservation)	요야꾸
체크인	チェックイン(check in)	체쿠인
체크아웃	チェックアウト(check out)	체쿠아우토
트윈	ツイン(twin)	츠인
팁	チップ(tip)	칩뿌
프론트	フロント(front desk)	후론토

예약을 한 김미란인데요.

予約した 金ミランですが。
요야꾸시따 키무미란데스가

예약을 안 했는데, 방 있어요?

予約してないんですが、部屋は ありますか?
요야꾸시떼나인데스가, 헤야와 아리마스까?

■ 몇 분이십니까?

何名様ですか?
난메이사마데스까?

네 명이구요. 트윈으로 방 두 개 주세요.

4人です。ツインを 2部屋 お願いします。
요닌데스 츠인오 후따헤야 오네가이시마스

■ 어떤 방으로 원하십니까?

どのような 部屋を お望みですか?
도노요우나 헤야오 오노조미데스까?

전망 좋은 방 / 조용한 방으로 주세요.

景色のいい 部屋/ 静かな 部屋を お願いします。
케시끼노이이 헤야 / 시즈까나 헤야오 오네가이시마스

트윈 / 다다미방으로 주세요.

ツイン/ 和室を お願いします。
츠인 / 와시쯔오 오네가이시마스

■ 여기에 성함과 주소를 기입해 주세요.

ここに お名前と ご住所を 記入して ください。

고꼬니 오나마에또 고쥬-쇼오 기뉴-시떼 구다사이

■ 여기 키 있습니다. 405호실입니다.

はい、どうぞ。４０５号室です。

하이, 도-조. 욘햐꾸고고-시츠데스

■ 죄송합니다. 만실입니다.

申し訳ありません。満室です。

모-시와께아리마셍. 만시쯔데스

☆ 숙박카드에 쓰이는 말

성	姓(名字)	세이(묘-지)
이름	名(名前)	나(나마에)
주소	住所	쥬-쇼
연락처	連絡先	렌라꾸사키
도착일	到着日	토-챠꾸비
출발일	出發日	슛빠츠비
지불방법	支払い方法	시하라이호-호-
카드 / 현금	カード / 現金	카-도 / 겡킹
국적	国籍	코꾸세키
여권번호	旅券(パスポート)番号	료켕(파스포-토)방고-

호텔에서

3. 호텔 방에서

🎧 MP3 05-3

여기 사백오 호실인데요.

４０５号室ですが。
よんひゃくごごうしつ

욘햐꾸고고-시츠데스가

뜨거운 물이 안 나와요.

お湯が 出ません。
ゆ　で

오유가 데마셍

수건이 더 필요해요.

タオルが もっと 必要です。
ひつよう

타오루가 못또 히츠요-데스

불이 안 켜져요.

電気が つきません。
でん き

덴끼가 츠키마셍

에어컨이 안 되는데요?

エアコンが きかないんですが。

에아콘가 키카나인데스가

옆방이 너무 시끄러워요.

隣の 部屋が とても うるさいです。
となり　へ や

도나리노 헤야가 도떼모 우루사이데스

방을 좀 바꿔주실 수 있나요?

部屋を 替えて いただけますか?
へ や　か

헤야오 카에떼 이따다케마스까?

문제가 생겼어요. 직원을 보내 주세요.

問題が 生じました。担当の 方を 部屋まで お願いできますか。

몬다이가 쇼-지마시따. 탄토-노까타오 헤야마데 오네가이데끼마스까

이 옷을 세탁해 주세요.

この服を 洗濯して ください。

고노후꾸오 센따꾸시떼 구다사이

내일 몇 시까지 되나요?

明日 何時に 出来あがりますか?

아시따 난지니 데키아가리마스까?

다림질도 해 주시죠?

アイロンも かけて いただけますよね?

아이롱모 카케떼 이따다케마스요네?

세탁물이 아직 안 왔어요.

(頼んだ)洗濯物が まだ 戻らないのですが。

(타논다)센따꾸모노가 마다 모도라나이노데스가

Tip TV와 냉장고 이용법

심심할 때 텔레비전을 보는 것도 여행의 색다른 맛을 즐길 수 있다. 보통 일본에서 즐겨보는 방송은 민방(민영방송)이라고 하는 후지TV, 아사히, 니혼테레비 등이 있다. 단, 유료방송은 성인용이므로 주의해야 한다. 냉장고에는 음료나 맥주가 들어 있는데, 비싼 편이므로 매점이나 자판기를 이용하는 것이 경제적이다.

☆ 호텔에서 배우는 단어

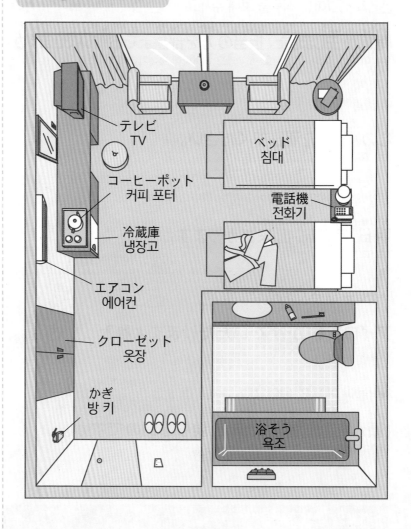

テレビ
TV

コーヒーポット
커피 포터

冷蔵庫
냉장고

エアコン
에어컨

クローゼット
옷장

かぎ
방 키

ベッド
침대

電話機
전화기

浴そう
욕조

コンセント 콘센트	スイッチ 스위치	歯ブラシ 칫솔	歯磨き 치약
콘센토	스잇치	하부라시	하미가키코

布団 이불	ガウン 가운	灰皿 재떨이	シーツ 침대시트	飲料水 음료수
후통	가운	하이자라	시-츠	인료-스이

(엘리베이터) 올라갑니까? 내려갑니까?

上りですか？ 下りですか？

노보리데스카? 쿠다리데스까?

올라갑니다.
上りです。（上へいきます。）
노보리데스 (우에에이키마스)

내려갑니다.
くだりです。（下へ行くます。）
쿠다리데스 (시타에에이키마스)

Tip 국제전화를 걸고 싶을 때는?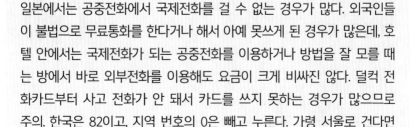

일본에서는 공중전화에서 국제전화를 걸 수 없는 경우가 많다. 외국인들이 불법으로 무료통화를 한다거나 해서 아예 못쓰게 된 경우가 많은데, 호텔 안에서는 국제전화가 되는 공중전화를 이용하거나 방법을 잘 모를 때는 방에서 바로 외부전화를 이용해도 요금이 크게 비싸진 않다. 덜컥 전화카드부터 사고 전화가 안 돼서 카드를 쓰지 못하는 경우가 많으므로 주의. 한국은 82이고, 지역 번호의 0은 빼고 누른다. 가령 서울로 건다면 "001(002)-82-2-전화번호"를 누르면 된다.

■ 몇 분이십니까?

何名様ですか?
_{なんめいさま}

난메이사마데스까?

한 사람 / 두 사람 / 세 사람 / 네 사람이에요.

一人 / 二人 / 三人 / 四人です。
_{ひとり / ふたり / さんにん / よにん}

히또리 / 후따리 / 산닝 / 요닝데스

■ 담배는요?

お煙草の 方は?
_{たばこ / ほう}

오타바꼬노 호우와?

예, 피워요 / 아뇨, 안 피워요.

はい、吸います。/ いいえ、吸いません。
_{す / す}

하이, 스이마스 / 이이에, 스이마셍

■ 금연석으로 하시겠어요? 흡연석으로 하시겠어요?

禁煙席がよろしいですか? 喫煙席がよろしいですか?
_{きんえんせき / きつえんせき}

킹엔세키가 요로시이데스까? 키츠엔세끼가 요로시이데스까?

금연석으로요.

禁煙席で。
_{きんえんせき}

킹엔세끼데

저기에 앉아도 돼요?

あそこに 座っても いいですか?
_{すわ}

아소꼬니 스왓떼모 이이데스까?

■ 커피하고 홍차가 있습니다만.

コーヒーと 紅茶が ありますが。

코-히-또 코-챠가 아리마스가

커피로 주세요.

コーヒーを 下さい

코-히-오 구다사이

여기요, 커피 좀 더 주세요.

すみません、コーヒー いいですか。

스미마셍, 코-히- 이이데스까?

고마워요.

ありがとうございます。

아리가또-고자이마스

호텔에서 즐거운 아침식사를

호텔에서 상쾌한 기분으로 아침 식사를 즐기는 것도 여행의 맛이다. 하지만, 한 호텔에서 2, 3일 정도 머물면서 아침식사를 같은 메뉴로 계속 먹다 보면 싫증이 날 수도 있다. 아침 식사가 되는 레스토랑이 보통 두세 곳은 되므로 메뉴를 바꿔서 즐기는 것도 좋겠다.

🎧 MP3 05-5

팩스를 써도 되나요?

ファックス 使っても いいですか?
확스 츠깟떼모 이-데스까?

저한테 팩스(메시지) 온 것 있어요?

私に ファックス(メッセージ)は 来ていませんか?
와따시니 확쿠스(멧세-지)와 키떼이마셍까?

신문 있어요?(종이가방, 끈, 가위)

新聞 ありますか?(紙袋, ひも, はさみ)
신분 아리마스까?(카미부꾸로, 히모, 하사미)

소포를 여기서 보낼 수 있나요?

小包は ここで 送れますか?
코즈츠미와 고꼬데 오꾸레마스까?

요금이 어떻게 되죠?

いくらですか?
이꾸라데스까?

いくらですか?

이것 그냥 받아도 돼요?

これ いただいても いいですか?
고레 이따다이떼모 이-데스까?

돌려줘야 하나요?

返さなくては いけませんか?
카에사나꾸떼와 이케마셍까?

우산을 좀 빌려 주세요.

傘を 貸して いただけますか?

카사오 카시떼 이따다케마스까?

죄송해요. 우산을 잃어버렸어요.

申し訳ありません。傘を なくしてしまいました。

모-시와케아리마셍 카사오 나꾸시떼시마이마시따

■ 괜찮습니다.

大丈夫です。/ 結構です。

다이죠-부데스 / 켓꼬-데스

공항까지 바로 가는 버스 있어요?

空港まで 直行バスは 出ていますか?

쿠-코-마데 촉코-바스와 데떼이마스까?

호텔의 수영장은 몇 시부터(몇 시까지)예요?

ホテルの プールは 何時から(何時まで)ですか?

호테루노 푸-루와 난지까라(난지마데)데스까?

어떡하죠? 친구가 키를 맡기지 않고 나갔네요.

どうしましょう? 友達が 鍵を 預けずに 行ったようです。

도-시마쇼-? 도모다치가 카기오 아즈케즈니 잇따요-데스

키를 방에 두고 나와 버렸어요.

鍵を 部屋に 置いたまま 出てきてしまいました。

카기오 헤야니 오이따마마 데떼키떼시마이마시따

체크아웃하겠어요.

チェックアウト お願いします。

체쿠아우또 오네가이시마스

■ 지불은 뭘로 하시겠습니까?

お支払いは どのように なさいますか?

오시하라이와 도노요-니 나사이마스까?

카드 / 현금으로 하겠습니다.

カード / 現金で お願いします。

카-도 / 겡킹데 오네가이시마스

■ 불편하신 점은 없으셨습니까?

ご不便な 点は ございませんでしたか?

고후벤나 텡와 고자이마셍데시따까?

잘 쉬었습니다.

ゆっくり できました。

윳꾸리 데키마시따

전화사용료 내역서도 보여 주세요.

電話使用料の 內訳書も 見せて ください。

뎅와시요-료-노 우찌와케쇼모 미세떼 구다사이

냉장고 음료수는 안 마셨는데요.

冷蔵庫の 中の 飲料水は 飲んでませんが。

레이조-코노 나까노 인료-스이와 논데마셍가

체크아웃은 지금 하고 짐만 좀 맡길 수 있을까요?

チェックアウトをした後、荷物だけ預ける事はできますか?

체쿠아우또오 시따 아또, 니모츠다케 아즈케루고또와 데키마스까?

네, 그러세요. (괜찮습니다.)

はい、大丈夫ですよ。/ はい、できますよ。

하이,다이죠-부데스요 / 하이,데키마스요

오후 1시까지 짐을 좀 맡아 주세요.

午後一時まで 荷物を 預って ください。

고고이치지마데 니모츠오 아즈캇떼 구다사이

한 시까지 돌아오겠습니다.

1 時までには 戻って 来ます。

이찌지마데니와 모돗떼키마스

택시를 좀 불러 주세요.

タクシーを 呼んで ください。

타꾸시-오 욘데 구다사이

1박 더 하고 싶은데요.

一泊 延長したいんですが。

입빠꾸 엔쵸-시따인데스가

고마웠어요. 또 올게요.

どうも、ありがとうございました。また 来ます。

도-모 아리가또-고자이마시따. 마따 키마스

호텔에서

06

식사하기

일본에도 각 지역을 대표하는 메뉴와 유명 식당들이 있습니다.
Retty와 같은 각 지역 맛집검색앱을 다운 받아 평점을 체크해 보는 것이 좋겠지요.

🎧 MP3 06-1

이 주변에 식당 있어요?

この 近^{ちか}くに、レストランは ありますか?

고노 치까꾸니 레스토랑와 아리마스까?

■ 어서 오십시오

いらっしゃいませ。

이랏샤이마세

いらっしゃいませ。

■ 몇 분이십니까?

何名様^{なんめいさま}ですか?

난메이사마데스까?

■ 안내해 드리겠습니다. 이쪽으로 오십시오

ご案内^{あんない}いたします。こちらへ どうぞ。

고안나이이따시마스. 고치라에 도-조

■ 주문하시겠습니까?

ご注文^{ちゅうもん}の方^{ほう} よろしいですか?

고추-몬노 호- 요로시이데스까?

이것하고 이것 주세요.

これと これを 下^{くだ}さい。

고레또 고레오 구다사이

세트로 주세요.

セットで 下^{くだ}さい。

셋또데 구다사이

권해 줄 만한 것이 있어요?

おすすめは ありますか?

오스스메와 아리마스까?

■ 죄송합니다. 좀 기다리셔야 하는데요.

申し訳ありませんが、少々お待ち頂く事になると思いますが。

모우시와케 아리마셍가, 쇼-쇼-오마치이따다쿠코또니 나루또 오모이마스가

얼마나 기다려야 하죠?

どのくらい かかりますか?

도노쿠라이 카카리마스까?

■ 20분 정도 기다리셔야 합니다.

２０分ほどですが。

니줏뿡호도데스가

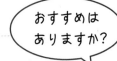

おすすめは
ありますか?

창가 자리로 부탁합니다.

窓側の 席を お願いします。

마도가와노 세끼오 오네가이시마스

■ 자리가 나는 대로 바꿔 드리겠습니다.

席が 空き次第、ご案内いたします。

세키가 아키시다이, 고안나이이따시마스

■ 죄송하지만, 지금은 이 자리밖에 없습니다.

申し訳ありませんが、この席しか空いておりません。

모-시와케아리마셍가, 고노세키시까 아이떼오리마셍

일식당   **日本料理屋(和食)**

니혼료-리야(와쇼꾸)

보통 초밥이나 생선회, 카이세
키요리(코스요리)같은 고급음
식점

라-멘집   **ラーメン屋**

라-멘 야

지역에 따라 맛이 다르다. 줄
을 서서 기다리는 곳이라면 맛
있다.

우동, 소바집   **うどん, そば屋**

우동, 소바야

우동과 소바의 본고장인 만큼
다양한 메뉴를 즐겨보자. 돔부
리 요리도 같이 팔고 있다.

초밥집   **寿司屋**

스시야

접대라면 코스요리가 적당하
다. 싸게 먹으려면 회전초밥집
으로

커피숍 　喫茶店

킷사텡

커피나 음료 외에 간단하고,
맛있는 일품요리가 있는 곳도
있다.

맥도날드 　マクドナルド

마꾸도나루도

한국과 마찬가지. 좌석은 보통
2층에 있다. 리필은 안됨.

KFC 　ケンタッキーフライドチキン

켄딱끼-후라이도치킨

한국과 마찬가지. 이밖에도 다
양한 패스트푸드점이 있다.

도시락집 　お弁当屋

오벤또-야

호카호카벤토 처럼 간판에 (お
弁当)오벤토라고 적힌 곳.

🎧 MP3 06-2

여기요.

すみません。

스미마셍

주문 받으세요.

注文 お願いします。／ オーダー お願いします。

츄-몽 오네가이시마스 / 오-다- 오네가이시마스

■ 결정하셨습니까?

ご注文 お決まりですか?

고츄-몽 오키마리데스까?

좀 있다 할게요.

ちょっと 後で 注文します。

촛또 아또데 츄-몬시마스

주문을 바꾸었으면 하는데요, 될까요?

注文を 替えて いただきたいんですが、できますか?

츄-몬오 카에떼 이따다키따인데스가, 데키마스까?

추가하고 싶은데요.

追加 お願いできますか。

츠이카 오네가이데끼마스까

이건 제가 주문한 게 아닌데요.

私が 頼んだ 物と 違うんですけど。

와따시가 다논다 모노또 치가운데스케도

■ 치워 드릴까요?

おひきいたしましょうか?
오히키이따시마쇼-까?

아뇨, 아직.

いいえ、まだ 結構<small>けっこう</small>です。
이이에, 마다 켓꼬-데스

네, 치워 주세요.

はい、片付<small>かたづ</small>けて ください。
하이, 카따즈께떼 구다사이

죄송하지만, 물 좀 더 주세요.

すみません、お冷<small>ひ</small>や お願<small>ねが</small>いします。
스미마셍, 오히야 오네가이시마스

☆ 필요하면 말하자

컵	コップ	꼬뿌
냉수	お冷や	오히야
물수건	おしぼり	오시보리
포크	フォーク	휘-크
앞접시	取り皿	토리자라
냅킨	ナプキン	나푸킨
젓가락	おはし	오하시

계산해 주세요. (보통 가게나 식당)

計算して 下さい。/ 計算 お願いします。

케-산시떼 구다사이 / 케-산 오네가이시마스

계산해 주세요. (일식집에서)

お愛想して ください。/ お愛想 お願いします。

오아이소시떼 구다사이 / 오아이소 오네가이시마스

계산은 어디서 하죠?

計算は(お勘定は) どこで するんですか?

케-산와(오칸죠-와) 도꼬데 스룬데스까?

카드도 되나요?

カード 使えますか?

카-도 츠카에마스까?

■ 네, 여기 사인 부탁드립니다.

はい、こちらに サインを お願いします。

하이, 고치라니 사인오 오네가이시마스

영수증을 주세요.

領収書 下さい。/ 領収書を 切って ください。

료-슈-쇼 구다사이 / 료-슈-쇼오 킷떼 구다사이

같이 계산해 주세요.

一緒に 計算して ください。

잇쇼니 게-산시떼 구다사이

따로 따로 계산해 주세요.

別々に 計算して ください。

베츠베츠니 케-산시떼 구다사이

계산이 잘못된 것 같은데요.

計算が 間違ってるようなんですが。

케-산가 마치갓떼루요-난데스가

(접대받은 사람이) 잘 먹었습니다.

ごちそうさまでした。

고치-소-사마데시따

☆ 식당에서 볼 수 있는 글자들

営業時間	영업시간	에-교-지캉
営業中(商い中)	영업중(準備中은 준비중)	에-교-츄-(아키나이츄-)
おすすめ料理	추천요리	오스스메료-리
伝票/勘定書	전표/계산서	덴뾰-/칸죠-쇼
引換券/御食事券	교환권/식사권	히키카에켕/오쇼쿠지켕
メイン料理	주요리	메인료-리

MP3 06-4

배가 고파요.

お腹が 空きました。
오나까가 스끼마시따

맛있네요.

おいしいですね。
오이시이데스네

おいしいですね。

정식 2인분 주세요.

定食を 二人前 下さい。
테-쇼-꾸오 니닌마에 구다사이

여기 계산 부탁합니다.

すみません、お愛想 お願いします。
스미마셍, 오아이소- 오네가이시마스

이건 먹어 봤어요.

これは 食べた ことが あります。
고레와 타베따 고또가 아리마스

처음 먹어 봐요.

初めて 食べます。
하지메떼 다베마스

와사비는 조금만 넣어 주세요. (빼 주세요.)

わさびは 少しだけ 入れてください。(拔いてください。)
와사비와 스꼬시다케 이레떼구다사이(누이떼구다사이)

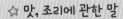

☆ 맛, 조리에 관한 말

와사비가 맵다	わさびが利く	와사비가 키쿠
뜨겁다	熱い	아쯔이
시다	酸っぱい	슷빠이
달다	甘い	아마이
싱겁다	薄い	우스이
짜다	しょっぱい	숏빠이
고소하다	香ばしい	코우바시이
느끼하다	脂っこい	아부랏코이
맛없다	まずい	마즈이
색다른 맛	変わった味	카왓따아지
튀기다	揚げる	아게루
굽다	焼く	야쿠
삶다	ゆでる	유데루

식사하기

Tip 초밥, 실컷 먹고 싶지만, 예산이...

이런 분에게는 회전초밥이 제격. 싼 곳은 접시 하나에 100엔부터 먹을 수 있다. 맛있는 초밥을 먹으려면 손님이 많은 곳에 들어간다. 신선한 재료와 만든 지 오래된 초밥을 구분한다. 이 두 가지가 비결이라고 할 수 있다. 신선한 재료를 확실하게 먹으려면 계속 돌고 있는 접시 말고, 요리사에게 직접 부탁해서 그 자리에서 만들어주는 것을 먹는 것이 최고. 돌고 있는 접시라도 재료가 윤기가 있는 것은 OK.

お冷や(오히야)	물, 냉수
おしぼり(오시보리)	물수건
ナプキン(나푸킨)	냅킨
おかゆ(오카유)	죽
日替わり定食(히가와리테-쇼꾸)	그날의 정식
回転寿司(카이덴즈시)	회전초밥
ウナギのかば焼き(우나기노카바야키)	장어구이
刺身(사시미)	생선회
しゃぶしゃぶ(샤브샤브)	샤브샤브
どんぶり(돔부리)	덮밥
麺(멘)	면
味噌汁(미소시루)	된장국
らっきょう(락교)	락교
七味(시치미)	고춧가루와 깨가루 등을 넣은것
ソース(소-스)	소스
あぶら(아부라)	기름
おすし(오스시)	초밥
会席料理(카이세키료-리)	카이세키요리(고급코스요리)

스시의 종류

トロ(토로): 기름기가 많은 참치 부위를 얹은 것

まぐろ(마구로): 참치

たい(타이): 도미

かっぱ巻き(캅빠마키): 오이와 밥을 김으로 만 것

鉄火巻き(텟까마키): 참치와 밥을 김으로 만 것

いくら(이쿠라): 연어 알

うに(우니): 성게 알

いか(이카): 오징어

えび(에비): 새우

いなり寿司(이나리즈시): 유부 초밥

たこ(타코): 문어

たまご(타마고): 계란

サーモン(사-몬): 연어

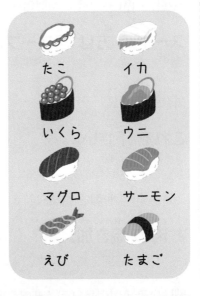

식사하기

Tip 라면이야기

일본 라면은 한국과 달리 거의 생라면이다. 주로 시오(소금), 미소(된장), 쇼-유(간장), 돈꼬츠(돼지 뼈 국물)라면이 있고, 지역마다 즐겨 먹는 라면이 다르다. 한국 사람의 입맛에 맞는 라면은 미소나 쇼-유이고, 돈꼬츠는 느끼한 맛이 나기 때문에 입에 맞지 않을 수도 있다. 맛이 좋기로 유명한 라면 브랜드로는 기타가타 라면과 나가하마 라면 등이 있다.

금연석으로 부탁합니다.

禁煙席で お願いします。

킹엔세세끼데 오네가이시마스

이건 디저트가 포함되어 있나요?

これは デザートも ついていますか?

고레와 데자-토모 츠이떼이마스까?

■ 스프는 어떤 것으로 하시겠어요?

スープの 方は 何スープに されますか?

스-프노 호-와 나니스-프니 사레마스까?

이걸로 주세요.

これを 下さい。

고레오 구다사이

■ 고기는 어떻게 해 드릴까요?

お肉の 焼き加減は?

오니꾸노 야끼카겡와?

ウェルダンで。

웰던으로 / 미디움으로 / 레어로.

ウェルダンで/ ミディアムで/ レアで。

웨루단데 / 미디아무데 / 레아데

■ 드레싱은 어떤 것으로?

ドレッシングは?

도렛싱구와?

■ 밥과 빵 어느 쪽으로 하시겠습니까?

ライスと パン、どちらに されますか?

라이스또빵, 도치라니 사레마스까?

빵으로 주세요.

パンで お願^{ねが}いします。

팡데 오네가이시마스

저기요, 고기가 너무 탔어요.

すみません、お肉^{にく}が 焼^やけ過^すぎです。(焦^こげています。)

스미마셍, 오니꾸가 야케스기데스(코게떼이마스)

덜 익었어요.

生焼^{なま や}けです。

나마야케데스

식사하기

■ 죄송합니다. 다시 구워 드리겠습니다.

申^{もう}し訳^{わけ}ありません。もう一度^{いち ど} 焼^やき直^{なお}します。

모-시와케아리마셍. 모-이치도 야키나오시마스

■ 커피 더 하시겠습니까?

コーヒーの おかわりは いかがですか?

코-히-노 오카와리와 이까가데스까?

저기요. 물 좀 더 주세요.

すみません。おひや 下^{くだ}さい。

스미마셍. 오히야 구다사이

89

■ 음료 하시겠습니까?

お飲み物 お持ちいたしましょうか?

오노미모노 오모치이따시마쇼-까?

커피 주세요.

コーヒー 下さい。

코-히- 구다사이

■ 커피 나왔습니다.

コーヒー お待たせしました。

코-히- 오마따세시마시따

■ 디저트는요?

デザートは よろしいですか?

데자-또와 요로시이데스까?

디저트는 됐어요. (거절)

デザートは 大丈夫です。

데자-토와 다이죠-부데스

여기서 담배 피워도 되나요?

ここで 煙草 吸っても いいですか?

고코데 타바꼬 슷떼모 이이데스까?

재떨이 있어요?

灰皿 ありますか?

하이자라 아리마스까?

커피 리필되나요?

コーヒー おかわり できますか?
코-히- 오까와리 데끼마스까?

커피 리필 부탁해요.

コーヒーの おかわりを お願^{ねが}いします。
코-히-노 오까와리오 오네가이시마스

물 좀 더 주세요.

お冷^ひや 下^{くだ}さい。
오히야 구다사이

와인 한 잔 더 주세요.

ワイン もう一杯^{いっぱい} 下^{くだ}さい。
와인 모-입빠이 구다사이

주문한 게 아직 안 나왔어요.

注文^{ちゅうもん}したのが まだ 来^きていません。
츄-몬시따노가 마다 키떼이마셍

여기 포크 하나 더 부탁해요.

フォーク 1つ^{ひと} お願^{ねが}いします。
훠-크 히또츠 오네가이시마스

냅킨 좀 더 갖다 주세요.

ナプキン お願^{ねが}いします。
나푸킨 오네가이시마스

식사하기

🎧 MP3 06-8

■ 주문하시겠어요?

ご注文 どうぞ。

고츄-몬 도우조

햄버거 하나랑, 커피 한 잔 주세요.

ハンバーガー 1つと、コーヒー 1杯 下さい。

함바-가- 히또츠또, 코-히- 입빠이 구다사이

치킨 두 조각 주세요.

チキン 2ピース 下さい。

치킨 투 피-스 구다사이

チキン
2ピース 下さい。

■ 음료는 뭘로 하시겠어요?

お飲み物の 方は 何に なさいますか?

오노미모노노 호-와 나니니 나사이마스까?

■ 커피, 콜라, 사이다, 주스가 있습니다.

コーヒー、コーラ、サイダー、ジュースが あります。

코-히-, 코-라, 사이다, 주-스가 아리마스

■ 가져가실 건가요? 여기서 드실 건가요?

お持ち帰りですか? こちらで お召し上がりですか?

오모치카에리데스까? 고치라데 오메시아가리데스까?

먹고 갈 거예요. / 가져갈 거예요.

食べて 行きます。/ 持って 帰ります。

다베떼 이키마스 / 못떼 카에리마스

■ 2층에 자리가 있습니다.

2階に 席が あります。

니까이니 세키가 아리마스

콜라 리필 되나요?

コーラ おかわり できますか?

코-라 오카와리 데키마스까?

■ 죄송하지만 리필은 안 됩니다.

申し訳ございませんが、おかわりは できません。

모-시와케고자이마셍가, 오카와리와 데키마셍

■ 크림, 설탕 다 드릴까요?

ミルク、砂糖 お付けいたしましょうか?

미루꾸, 사토- 오츠께이따시마쇼-까?

반으로 좀 잘라 주세요.

半分に 切って いただけますか?

한분니 킷떼 이따다케마스까?

여기 앉아도 돼요?

ここに 座っても いいですか?

고꼬니 스왓떼모 이이데스까?

▥ 네, 그러세요. / 아뇨. 자리 있어요.

はい、どうぞ。/ すみません。ここは ちょっと…。

하이, 도-조 / 스미마셍, 고꼬와 춋또…

버거킹, 맥도날드, KFC, 롯데리아, 모스버거 등이 있다.

햄버거 ハンバーガー 함바-가-	치즈버거 チーズバーガー 치-즈바-가-	새우버거 海老バーガー 에비바-가-
생선버거 フィッシュバーガー 휫슈바-가-	치킨버거 チキンバーガー 치킨바-가-	핫도그 ホットドッグ 홋또돗꾸
감자튀김 フライドポテト 후라이도포테토	닭튀김 チキン 치킨	애플파이 アップルパイ 앗푸루파이

물티슈	おしぼり	오시보리
스트로	ストロー	스토로-
냅킨	ナプキン	나푸킨
세트	セット	셋또
캐첩	ケチャップ	캐챠푸
콜라	コーラ	코-라
주스	ジュース	주-스
음료수	飲み物	노미모노

이런 곳도 있어요!

길거리 간식

어묵이나 튀김, 마키 같은 간식
거리. 1개 180엔~200엔 내외. 눈
에 많이 띄지는 않지만, 출출할
때 맛보는 것도 좋다.

たこ焼(타코야키)

たこ(타코)는 문어. 동그란 모양의
즉석 풀빵처럼 생겼는데, 안에는
문어살이 들어 있다.

食べほうだい(타베호-다이)

약 1시간(낮은 1시간, 밤에는 1시간
반) 동안 마음대로 먹을 수 있는 뷔페
같은 곳. 1인당 1000엔 정도의 가격으
로 젊은 사람들의 단체 식사 장소로
인기 있다.

焼き肉(야끼니꾸)

양념 된 고기보다는 주로 생고기
를 구워 먹는 곳이다. 샐러드나
기본 반찬이 나온다. 샤부샤부처
럼 채소나 버섯 등을 넣어 끓여
먹는 요리도 같이 팔고 있다.

식사하기

이 근처에 편의점 있어요?

この付近に コンビニは ありますか?

고노후킨니 콘비니와 아리마스까?

컵라면 여기서 먹을 수 있어요?

ここで カップラーメン 食べることが できますか?

고꼬데 캅뿌라-멘 타베루고또가 데끼마스까?

나무 젓가락 좀 주세요.

わりばし 下さい。

와리바시 구다사이

무료예요?

無料ですか?

무료-데스까?

전자렌지에 좀 데워 주세요.

温めて ください。

아따따메떼 구다사이

현금지급기는 없어요?

現金自動支払機(ATM)は ありませんか?

겡킹지도우시하라기이키(에-티-에무)와 아리마셍까?

뜨거운 물을 부어 주세요.

お湯を 入れて ください。

오유오 이레떼 구다사이

비닐봉지 하나 더 받을 수 있어요?

ビニール袋、もう一つ 頂けますか?

비니-루부꾸로, 모-히토츠 이따다케마스까?

젓가락 두 개 주세요.

おはし 2本 下さい。

오하시 니홍 구다사이

스푼 / 포크 주세요.

スプーン / フォーク 下さい。

스푼 / 훠-크 구다사이

スプーン 下さい。

Tip 키오스쿠(KIOSK)란?

지하철이나 전철역 안에 키오스쿠란 간판의 매점이 눈에 띈다. 여기서는 잡화와 신문, 껌이나 사탕, 음료수 등 간단한 스낵류도 팔고 있다.

🎧 MP3 06-10

이거 오늘 거예요? (대부분은 그날 구운 빵만 팔고 있다.)

これは 今日のですか?

고레와 쿄-노데스까?

며칠까지 두고 먹을 수 있어요?

何日間 もちますか?

난니치캉 모치마스까?

케익을 사고 싶은데, 양초도 주나요?

ケーキを 買いたいんですが、ろうそくも 頂けますか?

케-키오 카이따인데스가, 로우소꾸모 이따다케마스까?

죄송하지만, 먹기 좋게 좀 잘라 주시겠어요?

すみません、食べやすい 大きさに 切っていただけますか?

스미마셍, 타베야스이 오오키사니 킷떼이따다케마스까?

따로따로 싸 주세요.

別々に 包んで ください。

베츠베츠니 츠츤데 구다사이

방금 구워낸 빵.

焼き立ての パン。

야키타떼노 빵

焼きたてのパン。

선물할 거니까 포장해 주세요.

プレゼント用に 包んで ください。

프레젠토요-니 츠츤데 구다사이

☆ 빵도 여러가지

잼빵	ジャムパン	쟈무팡
식빵	食パン	쇼꾸팡
모닝빵	モーニングパン	모-닝구팡
카레빵	カレーパン	카레팡
슈크림	シュークリーム	슈-쿠리-무
마늘빵	ガーリックパン	가-리꾸팡
케익	ケーキ	케-키
머핀	マフィン	마휜
생크림	生クリーム	나마쿠리-무
샌드위치	サンドイッチ	산도잇치
바게뜨	フランスパン	후랑스팡
팥빵	あんパン	앙팡

식사하기

Tip **빵이랑 케익은 따로따로**

일본에서는 빵집이랑 케이크 가게가 따로 있는 것이 보통이다. 빵집은 '팡야', 케이크 전문점은 '케-키야'라고 부른다. 간단한 음료나 커피도 팔고 있다.

🎧 MP3 06-11

■ 몇 분이십니까?

何名様ですか?

난메이사마데스까?

■ 안내해 드리겠습니다.

ご案内いたします。

고안나이이따시마스

창가자리로 부탁합니다.

窓側の 席を お願いします。

마도가와노 세키오 오네가이시마스

■ 자리가 마음에 드십니까?

お席の 方は 大丈夫でしょうか?

오세키노 호-와 다이죠-부데쇼-까?

■ 우선 마실 것 주문하시겠어요?

まず お飲み物の方の ご注文を よろしいですか?

마즈 오노미모노노 호-노 고츄-몬오 요로시이데스까?

가볍게 한 잔 하고 싶은데요.

軽く 一杯 したいんですが。

카루꾸 입빠이 시따인데스가

브랜디 한 잔하고, 칵테일 한 잔 주세요.

ブランデー 一杯と カクテル 一杯 下さい。

브란데- 입빠이또 카쿠테루 입빠이 구다사이

일단 맥주 두 병 주세요.

とりあえず ビール 2本 下さい。
<small>にほん くだ</small>

토리아에즈 비-루 니홍 구다사이

■ 맥주는 어떤 것으로? (생맥 / 병맥)

ビールは 何を? (生 / 瓶)
<small>なに なま びん</small>

비-루와 나니오? (나마 / 빙)

뭐가 맛있어요?

何が おいしいですか?
<small>なに</small>

나니가 오이시이데스까?

한국의 카스와 맛이 비슷하네요.

韓国の カスと 味が 似てますね。
<small>かんこく あじ に</small>

캉코쿠노 카스또 아지가 니떼마스네

식사하기

Tip | **원샷은 금물!**

일본에서는 원샷(一気 잇키)으로 마시는 습관은
없다. 홀짝홀짝 조금씩 마시는 것이 보통이다. 또,
소주도 위스키처럼 물을 타서 마시기도 한다. 술
잔이 비기 전에 채워주는 것이 일본식 주법이며,
억지로 마시기를 권하진 않는다. 이자카야(居酒
屋)라는 술집은 안주도 많고 부담 없이 들어갈
수 있다.

MP3 06-12

안주는 뭐가 좋아요?

つまみは 何^{なに}が いいですか?

츠마미와 나니가 이이데스까?

추천해 주세요.

おすすめは?

오스스메와?

추천할 만한 것으로 주세요.

おすすめの やつを 下^{くだ}さい。

오스스메노 야츠오 구다사이

야키토리로 주세요.

やきとりを 下^{くだ}さい。

야키토리오 구다사이

땅콩 같은 것 있어요?

ピーナッツみたいな もの ありますか?

피-낫츠미따이나 모노와 아리마스까?

그럼, 이걸로 주세요.

じゃ、これを 下^{くだ}さい。

쟈, 고레오 구다사이

식사가 될 만한 것 있어요?

食事^{しょくじ}に なる ような ものは ありますか?

쇼꾸지니 나루 요-나 모노와 아리마스까?

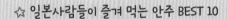

☆ 일본사람들이 즐겨 먹는 안주 BEST 10

どて煮	도테니	소의 힘줄을 된장 속에 넣어 오래 끓인 것
焼き鳥	야키토리	닭꼬치
枝豆	에다마메	풋콩을 삶은 것
豚キムチ	부따키무치	돼지고기와 김치를 볶은 것
冷や奴	히야약꼬	연두부에 간장을 곁들인 것
チーズかまぼこ	치-즈카마보꼬	생선묵 안에 치즈가 들어있는 것
鶏の唐揚げ	토리노 카라아게	닭 튀김
揚げ出し豆腐	아게다시 도-후	튀긴 두부에 간장소스를 쳐서 먹는 음식
イカのげそあげ	이까노 게소아게	오징어 다리튀김
ししゃも	시샤모	생선 말린 것

식사하기

useful word

꼬치구이(刺き鳥)

とり皮	토리가와	닭껍질
豚バラ	부따바라	삼겹살
とり身	토리미	닭
つくね	츠꾸네	츠꾸네
銀杏	깅낭	은행

103

맛이 어때요?

味は どうですか?

아지와 도-데스까?

약간 쓴데요.

ちょっと 苦いですね。

촛또 니가이데스네

아주 맛있어요.

とても おいしいです。

도테모 오이시이데스

약간 독한 것 같아요.

ちょっと 強いようです。

촛또 츠요이요-데스

취할 것 같애. (혼잣말)

よっちゃいそう。 / つぶれちゃいそう。

욧쨔이소- / 츠부레챠이소-

건배!

乾杯!

간빠이!

술은 좀 하는 편이세요?

お酒は いける ほうですか?

오사케와 이케루 호우데스까?

꽤 마십니다.

けっこう 飲めます。

켓 코- 노메마스

술이 세시군요.

お酒 強いんですね。

오사케 츠요인데스네

술은 전혀(조금도) 못 해요.

お酒は 全然(少しも) 飲めません。

오사케와 젠젠(스꼬시모) 노메마셍

술이 약해요.

お酒は ちょっと 弱いです。

오사케와 촛또 요와이데스

식사하기

여기요, 소주 오유와리 주세요.

すみません、焼酎の お湯割りを 下さい。

스미마셍, 쇼-츄-노 오유와리오 구다사이

■ 어떻게 만들어 드릴까요?

どのように おつくりいたしましょうか?

도노요-니 오츠쿠리이따시마쇼-까?

육 대 사로 해 주세요.(뜨거운 물:소주 = 6:4)

64で お願いします。(お湯:焼酎 = 6:4)

로꾸용데 오네가이시마스

분위기가 아주 좋군요. 일본적이고, 아담한 게.

とても 雰囲気がいいですね。日本っぽくて、こじんまりと。

도떼모 훙인키가 이이데스네. 니혼뽀꾸테, 코진마리또

유명한 곳이에요?

有名な ところですか?

유-메-나 도꼬로데스까?

아주 친절하네요.

とても 親切ですね。

도떼모 신세츠데스네

다음에 또 와 보고 싶어요.

また 来たいです。

마따 키따이데스

여기 계산요.

すみません。お勘定 お願いします。

스미마셍, 오칸죠- 오네가이시마스

오늘은 제가 낼게요.

今日は 私が おごります。

쿄-와 와따시가 오고리마스

잘 마셨습니다. (잘 먹었습니다.)

ごちそうさまでした。

고치소-사마데시따

다음에는 제가 살게요.

つぎは 私が おごります。
_{わたし}

츠기와 와따시가 오고리마스

더치페이로 합시다.

割り勘に しましょう。
_わ _{かん}

와리칸니 시마쇼-

割り勘に
しましょう。

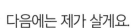

식사하기

시끄럽다	うるさい	우루사이
조용하다	静かだ	시즈까다
넓다	ひろい	히로이
차분하다	落ち着きのある	오치츠키노아루
붐비다	込み合う	코 미아우
술고래	上戸/ 飲んべえ	죠-고/ 놈베-
술을 못하는 사람	下戸	게코

107

07

쇼핑하기

일본에 가면 꼭 사게 되는 물건들이 있지요.
필요한 목록은 미리미리 준비!
지역 명물이나 쇼핑리스트 탑텐, 블로그 등에 후기 등을 참고하시면 좋습니다.

🎧 MP3 **07-1**

■ 어서 오십시오

いらっしゃいませ。
이랏샤이마세

■ 찾으시는 거라도 있으세요?

何か お探しでしょうか?
나니까 오사가시데쇼-까?

구경 좀 할게요.

ちょっと 見ようと 思って。
촛또 미요-또 오못떼

이것 좀 보여 주세요.

これを ちょっと 見せて ください。
고레오 촛또 미세테 구다사이

■ 잠시만 기다리세요.

少々 お待ちください。
쇼-쇼- 오마치구다사이

이거 얼마예요?

これは いくらですか?
고레와 이꾸라데스까?

다른 색깔이 있어요?

他の 色は ありますか?
호까노 이로와 아리마스까?

가방 매장은 어디죠?

かばん売り場は どこですか?

카방우리바와 도꼬데스까?

엘리베이터는 / 화장실은 어디에 있어요?

エレベーター/トイレは どこに ありますか?

에레베-타- / 토이레와 도꼬니 아리마스까?

신사복 매장은 몇 층이죠?

紳士服売り場は 何階ですか?

신시후쿠우리바와 난까이데스까?

여기 몇 시까지 영업해요?

ここは 何時まで 営業ですか?

고꼬와 난지마데 에이교-데스까?

할인 되나요?

割引きに なりますか?

와리비키니 나리마스까?

비싸다. / 싸다.

高い。/ 安い。

다까이 / 야스이

좀더 큰 것(작은 것) 있어요?

もっと 大きい(小さい) ものは ありますか?

못또 오오키이(치이사이) 모노와 아리마스까?

100엔숍	100円ショップ	햐꾸엔숍뿌
가격	値段	네단
거스름돈	おつり	오츠리
계산대	レジ	레지
골동품점	アンティークショップ	안티-꾸숍뿌
교환	交換	코-칸
매장	売り場	우리바
면세점	免税点	멘제이텡
명품점	名品店	메-힝텡
바겐 세일	バーゲン	바-겐
반품	返品	헨핑
백화점	デパート	데빠-토
벼룩시장	ノミの市	노미노이치
사다	買う	카우
상인	商人	쇼-닝(아킨도)
서점	本屋／書店	홍야/쇼텡
선물가게	お土産屋	오미야게야
세금포함	税込み	제-코미
소비세	消費税	쇼-히제-
손님	お客	오캬꾸

수퍼마켓	スーパーマーケット	스-파-마-켓또
신용카드	クレジットカード	쿠레짓또카-도
시장	市場	이치바
식료품점	スーパー	스-파-
얼마예요?	いくらですか?	이꾸라데스까?
영수증	領収証	료-슈-쇼-
의류용품점	衣料品店	이료-힝텡
잔돈	小銭	코제니
잡화점	雑貨屋	잣카야
전문점	専門店	센몬템
점원	店員	텡잉
지불하다	支払う	시하라우
탈의실	試着室	시챠꾸시츠
판매하는 사람	売り子	우리꼬
팔다	売る	우루
할인	割引き	와리비키
환불	払いもどし	하라이모도시

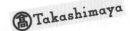

ダイエー(다이에-)　マルイ(마루이)　三越(미츠코시)　高島屋(다카시마야)

모두 얼마예요?

全部で いくらですか?

젠부데 이꾸라데스까?

全部でいくら
ですか？

■ 3600엔입니다.

３６００円です。

산젠롯뺘꾸엔데스

이 카드 되나요?

このカードは 使えますか?

고노카-도와 츠카에마스까?

■ 여기 사인 부탁합니다.

ここに サイン お願いします。

고꼬니 사인 오네가이시마스

죄송해요. 돈이 모자라네요.

すみません。お金が 足りません。

스미마셍. 오카네가 타리마셍

좀 깎아 주세요.

少し 安くして ください。/ まけて ください。

스꼬시 야스꾸시떼 구다사이 / 마케테 구다사이

■ 정찰제입니다.

定価です。

테-카데스

■ 많이 깎아 드린 겁니다.

大幅に 安く 差し上げる 物です。

오오하바니 야스꾸 사시아게루 모노데스

그럼 2만엔에 해 주세요.

では 2万円に して ください。

데와 니만엔니 시떼 구다사이

■ 더 이상은 안 됩니다.

これ以上は 無理です。 / これ以上は できません。

고레이죠-와 무리데스 / 고레이죠-와 데키마셍

선물용이니까 포장해 주세요.

プレゼント用に つつんで ください。

프레젠토요-니 츠츤데 구다사이

따로따로 포장해 주세요.

別々に つつんで ください。

베츠베츠니 츠츤데 구다사이

이건 계산한 거예요.

これは 計算済みです。

고레와 케-산즈미데스

영수증 주세요.

レシート(領収証)を 下さい。

레씨-토(료-슈-쇼-)오 구다사이

🎧 MP3 07-3

면세확인은 어디서 받나요?

免税割引は どこで できますか?

멘제-와리비키와 도꼬데 데키마스까?

세금을 환급 받을 수 있나요?

税金の 払い戻しは できますか?

제-킹노 하라이모도시와 데키마스까?

명품을 쇼핑하고 싶은데요.

ブランド物を 買いたいんですが。

브란도모노오 카이따인데스가

이 물건을 한국으로 부쳐 주실 수 있나요?

この品物を 韓国に 送ることは できますか?

고노 시나모노오 캉코쿠니 오쿠루코또와 데키마스까?

항공편으로 좀 부쳐 주세요.

航空便で 送って ください。

코-쿠-빈데 오쿳떼 구다사이

수수료가 얼마죠?

手数料は いくらですか?

테스-료-와 이꾸라데스까?

호텔까지 배달해 주실 수 있나요?

ホテルまで 配達して いただけますか?

호테루마데 하이타츠시떼 이따다케마스까?

이거 반품되나요?

これ 返品^{へんぴん}できますか?

고레 헨핑데끼마스까?

어제 / 아까 산 거예요.

昨日^{きのう} / さっき 買^かった 物^{もの}です。

키노- / 삿키 캇따 모노데스

다른 물건으로 바꿔 주세요.

他^{ほか}の 物^{もの}と 換^かえて ください。

호까노 모노또 카에떼 구다사이

■ 영수증 갖고 계세요?

レシートは お持^もちでしょうか?

레시-또와 오모치데쇼-까?

네, 여기요.

はい、これです。

하이, 고레데스

작동이 안 돼요. / 움직이지 않아요. / 불량품이에요.

作動^{さどう}しません。/ 動^{うご}きません。/ 不良品^{ふりょうひん}です。

사도-시마셍 / 우고키마셍 / 후료-힝데스

■ 죄송합니다만, 이건 반품이 안 됩니다.

申^{もう}し訳^{わけ}ありませんが、これは 返品^{へんぴん}できません。

모-시와케아리마셍가, 고레와 헨핑데키마셍

쇼핑하기

■ 무엇을 찾으세요?

何を お探しですか?
나니오 오사가시데스까?

카메라 있어요? / 카메라를 좀 찾고 있는데요.

カメラ ありますか? / カメラを 探しているんですが。
카메라 아리마스까? / 카메라오 사가시떼이룬데스가

이건 일본산이에요?

これは 日本製ですか?
고레와 니혼세-데스까?

한국에서 서비스 받을 수 있어요?

韓国で アフターサービス 受ける事が できますか?
캉코쿠데 아후타-사-비스우케루고또가 데키마스까?

연락처를 알려 주세요.

連絡先を 教えて ください。
렌라꾸사키오 오시에떼 구다사이

한국에서도 사용할 수 있어요?

韓国でも 使えますか?
캉코쿠데모 츠카에마스까?

これは
日本製ですか?

이거 면세 되나요?

これは 免税できますか?
고레와 멘제-데키마스까?

118

예산은 2만엔 정도로 생각하고 있어요.

予算は 2万円ぐらいで 考えているんですが…。
よ さん　にまんえん　　　　　　かんが

요산와 니만엔구라이데 캉가에떼이룬데스가

이건 어떤 기능이 있어요?

これは どんな 機能が あるのですか?
き のう

고레와 돈나 키노-가 아루노데스까?

이건 별도판매예요? 세트예요?

これは 別売りですか? セットですか?
べっ う

고레와 베츠우리데스까? 셋토데스까?

useful word					
카메라	カメラ	카메라	부속품	付属品	후조꾸힝
디지털	デジタル	데지타루	흑백	白黒	시로쿠로
시계	時計	토케이	중국산	中国製	츄-고쿠세-
필름	フィルム	휘루무	한국산	韓国製	캉코꾸세-

쇼핑하기

Tip 전자제품의 천국 아키하라바(秋葉原)

전자제품의 천국 일본, 그중에서도 전자제품만을 모아 파는 전자제품 전문상가인 아키하바라는 종류도 많고 가격도 보통 20~40% 정도 싸게 살 수 있어 관광객들뿐만 아니라 내국인도 북적거리는 곳이다. 단, 가게에 따라 값이 다르므로 잘 돌아보고 사도록 하자. 핸드폰은 한국과 주파수가 안 맞으므로 사용 불가.

119

가디건 같은 건 몇 층에 있어요?

カーディガンの ような ものは 何階に ありますか?

가-디간노 요우나 모노와 난가이니 아리마스까?

입어봐도 돼요?

着てみても いいですか?

키떼미떼모 이이데스까?

요즘 어떤 스타일이 유행해요?

最近は どんな スタイルが 流行ですか?

사이킹와 돈나 스타이루가 류-코-데스까?

좀 크네요.

少し 大きいですね。

스꼬시 오오키이데스네

좀더 작은 것으로 보여 주세요.

もう少し 小さいのを 見せて ください。

모-스꼬시 찌이사이노오 미세떼 구다사이

이게 맞네요.

ピッタリですね。

핏따리데스네

■ 손님께 아주 잘 어울리시네요.

お客様に よく お似合いですね。

오캬꾸사마니 요꾸 오니아이데스네

120

헐렁헐렁하네요. / 너무 꽉 끼네요.

ぶかぶかですね。/ きついですね。
부카부카데스네 / 키츠이데스네

너무 길어요. / 너무 짧아요.

長すぎます。/ 短すぎます。
나가스기마스 / 미지까스기마스

이건 좀···. (마음에 들지 않음)

これは ちょっと…。
고레와 촛또

이것으로 할게요.

これにします。
고레니 시마스

☆ 필요하면 말하자

シャツ(셔츠)
샤츠

セーター(스웨터)
세ー타ー

フードジップアップ(후드집업)
후ー도지뿌아뿌

コート(코트)
코ー토

ジーンズ(진)
지ーㄴ즈ー

下着(속옷)
시타기

くつ下(양말)
쿠츠시따

ニット(니트)
닛토

이런 책을 찾고 있는데요. (메모를 보여주면서)

こんな 本を 探しているんですが。

곤나 홍오 사가시떼이룬데스가

「이미다스」라는 책은 어디에 있어요?

「imidas」という 本は どこに ありますか?

이미다스또유 홍와 도꼬니 아리마스까?

의학관련 책은 어디 있어요?

医学関連の 本は どこに ありますか?

이가꾸칸렌노홍와 도꼬니 아리마스까?

■ 이 층에서 계산하고 나서 올라가야 합니다. (다른 층으로 갈 때)

この階で計算を 済ませられてから、上にお上がり下さい。

고노카이데 게-산오 스마세라레떼까라, 우에니 오아가리쿠다사이

■ 전부 7,500엔입니다.

全部で(合計で) ７,５００円に なります。

젠부데(고-케-데)나나센고햐꾸엔니 나리마스

■ 거스름돈 2,500엔입니다.

２,５００円のお返しです。/お返しの方が2,500円になります。

니센고햐쿠엔노 오카에시데스 / 오카에시노 호-가 니센고햐쿠엔니 나리마스

■ 감사합니다.

ありがとうございました。

아리가또-고자이마시따

122

베스트셀러	ベストセラー	베스토세라-
어린이도서	兒童本	지도-본
어학	語学	고가꾸
경제	経済	케이자이
만화	漫画	망가
미술	美術	비쥬츠
사진	写真	샤신
소설	小説	쇼-세츠
신간코너	新刊コーナー	신칸코-나-
실용 / 취미	実用 / 趣味	지츠요-/슈미
잡지	雑誌	잣시
저자	著者	쵸샤
출판사	出版社	슛판샤

쇼핑하기

Tip | 일본의 고서점가 칸다(神田)

책이라는 책은 모조리 모여있는 일본 최대 고서점가 칸다. 바로 옆에 산세이도라는 대형 서점도 있어서, 출판관련인이라면 꼭 들르는 단골 코스의 하나. JR中央線(츄-오-센) お茶の水駅(오챠노미즈에키)하차.

🔖 산세이도(三省堂) : 칸다에 본점. JR오챠노미즈역(御茶の水駅)에서 도보 10분, 지하철 신보쵸(神保町)에서 도보 3분.

🔖 키노쿠니야(紀伊国屋) : 신주쿠에 본점. JR신주쿠역(新宿駅)에서 도보 3분.

🎧MP3 07-8

이거랑 같은 것 있어요?

これと 同じ 物は ありますか?

고레또 오나지모노와 아리마스까?

■ 그건 현재 판매되지 않습니다.

それは 現在 販売されていません。

소레와 겐자이 한바이사레떼이마셍

이거랑 비슷한 제품이 있으면 보여 주세요.

これと 似たような 製品が あるなら 見せて ください。

고레또 니따요우나 세-힝가 아루나라 미세떼 구다사이

향수 좀 보여 주세요.

香水を 見せて ください。

코-스이오 미세떼 구다사이

발라봐도 돼요?

ぬって みても いいですか?

눗떼 미떼모 이이데스까?

■ 손님께는 이게 맞으실 것 같습니다.

お客様には これが お合いに なられるようです。

오캬꾸사마니와 고레가 오아이니 나라레루요-데스

■ 이건 서비스예요.

これは サービスです。

고레와 사-비스데스

화장품	化粧品	케쇼-힝
파운데이션	ファンデーション	환데-숀
립스틱	リップ / 口紅	립/구치베니
자외선차단	紫外線遮断(UVカット)	시가이센샤단
영양크림	栄養クリーム	에이요-쿠리-무
클렌징크림	クレンジングクリーム	쿠렌징구크리-무
민감성피부	敏感肌	빈칸하다
지성피부	脂性	아부라쇼-
건성피부	乾燥肌	간소-하다

☆ color

	빨강	赤	아까
	주황(오렌지)	オレンジ	오렌지
	노랑	黄色	키이로
	초록	みどり	미도리
	파랑	青	아오
	남색	紺色	콘이로
	보라	紫	무라사키
	갈색	茶色	챠이로
	회색	グレー	그레-
	핑크	ピンク	핑쿠
	검정	黒	쿠로

쇼핑하기

🎧 MP3 07-9

■ 발 크기가 어떻게 되세요?

足の サイズは 何cmですか?

아시노 사이즈와 난센치데스까?

좀 더 큰 걸로 주세요.

もう少し 大きいのを 下さい。

모-스꼬시 오-키-노오 구다사이

거울을 보여 주세요.

鏡を 見せて ください。

카가미오 미세떼 구다사이

ピッタリです。

커요. / 작아요.

大きいです。/ 小さいです。

오-키-데스 / 찌-사이데스

딱 맞아요. / 아파요.

ピッタリです。/ 痛いです。

핏따리데스 / 이따이데스

이 신발은 비에 젖어도 괜찮아요?

この靴は 雨に 濡れても 大丈夫ですか?

고노쿠츠와 아메니 누레떼모 다이죠-부데스까?

지금 유행하고 있는 신발은 어느것이에요?

今 流行りの 靴は どれですか?

이마 하야리노 구츠와 도레데스까?

다리라인이 예뻐 보이는 부츠를 찾고 있어요.

足のラインがきれいに見えるブーツを探してます。

아시노라인가 키레이니 미에루 부-츠오 사가시떼마스

작은 손가방이 하나 필요해요.

小さな ハンドバック(手提げ)が 一つ 必要です。

치이사나 한도바꾸(테사게)가 히토츠 히츠요-데스

手提げ(손가방)	테사게
旅行かばん(여행가방)	료코-카방
ショッピングバッグ(쇼핑백)	숏핑구바꾸
紙袋(종이가방)	카미부쿠로
ハンドバック(핸드백)	한도박꾸
手袋(장갑)	테부쿠로
帽子(모자)	보-시
小銭入れ(동전지갑)	코제니이레
アクセサリー(액세서리)	아쿠세사리-

쇼핑하기

Tip 사이즈를 말할 때

일본에서는 신발 사이즈를 말할 때 225cm라면
22.5, 230cm라면 23.0과 같이 말한다. 또 짧게 2.5
처럼 말하기도 한다. 오른쪽의 그림의 게타는 남
자용이고, 여자용은 앞이 약간 동그스름한 모양을
하고 있다. 전통복장을 할 때는 같이 갖추어 신지
만, 일상생활에서 신고 있는 모습은 보기 어렵다.

127

이건 어디 거예요?

これは どこのですか?

고레와 도꼬노데스까?

순금이에요?

純金^{じゅんきん}ですか?

쥰킨데스까?

세트로 얼마예요?

セットで いくらですか?

셋또데 이꾸라데스까?

이것 좀 보여 주세요.

これを 見^みせて ください。

고레오 미세떼 구다사이

다른 것도 보여 주세요.

他^{ほか}の 物^{もの}も 見^みせて ください。

호카노모노모 미세떼 쿠다사이

선물이니까 포장 좀 해 주세요.

プレゼントなので 包装^{ほうそう}して ください。

프레젠토나노데 호-소-시떼 구다사이

이거 진짜예요?

これは 本物^{ほんもの}ですか?

고레와 혼모노데스까?

■ 18K / 14K / 도금 / 화이트골드입니다.

<ruby>１８金<rt>じゅうはちきん</rt></ruby>/ <ruby>１４金<rt>じゅうよんきん</rt></ruby>/ メッキ/ プラチナです。

쥬-하치킹 / 쥬-용킹 / 멧끼 / 푸라치나데스

짧게 해 주세요. (줄이 길 때)

<ruby>短<rt>みじか</rt></ruby>く して ください。

미지까꾸 시떼 구다사이

 쇼핑하기

☆ 귀금속 관련용어

イヤリング／ピアス(귀걸이)	指輪(반지)	ネックレス(목걸이)
이야링구/ 피아스	유비와	넷구레스
ブレスレット(팔찌)	アンクレット(발찌)	偽物(이미테이션)
브레스렛또	앙쿠렛또	니세모노
メダル(메달)	粒／玉(알)	ひも／チェーン(줄)
메다루	츠부/타마	히모/체ー ㄴ
玉が とれた(알이 빠졌다)	ひもが 切れた(줄이 끊어졌다)	
타마가 토레따	히모가 키레따	

129

🎧 MP3 **07-11**

렌즈를 맞춰야 해요.

レンズを 作^{つく}らなくては いけません。

렌즈오 츠구라나쿠떼와 이케마셍

오른쪽 렌즈를 잃어버렸어요.

右^{みぎ}の レンズを なくしました。

미기노 렌즈오 나꾸시마시따

■ 시력을 재야 합니다.

視力^{しりょく}を はからなくては いけません。

시료꾸오 하카라나꾸떼와 이케마셍

■ 잘 보이십니까?

ちゃんと 見^みえますか?

챤또 미에마스까?

가격이 얼마나 될까요?

いくらぐらいですか?

이꾸라구라이데스까?

테는 이걸로 보여 주세요.

フレームは これを 見^みせて ください。

후레-무와 고레오 미세떼 구다사이

■ 한번 껴 보세요.

一回^{いっかい} かけてみて ください。

잇까이 카케떼미떼 구다사이

130

도수가 너무 세요.

度が 強いです。

도가 츠요이데스

잘 안 보여요.

きれいに 見えません。/ よく 見えません。

기레이니 미에마셍 / 요쿠 미에마셍

어지러워요.

くらくらします。(強いです。)

쿠라쿠라시마스(츠요이데스)

렌즈 세척액도 주세요.

レンズの 洗淨液も 下さい。

렌즈노 센죠 - 에끼모 구다사이

■ 이건 서비스예요.

これは サービスです。

고레와 사-비스데스

useful word					
식염수	食塩水	쇼쿠엔스이	유리	ガラス	가라스
렌즈케이스	レンズケース	렌즈케-스	압축렌즈	圧縮レンズ	앗슈꾸렌즈
안경테	フレーム	후레-무	선글라스	サングラス	산그라스
금테	金縁	킨부치	시력	視力	시료꾸
플라스틱	プラスチック	푸라스치꾸	안경	眼鏡	메가네

131

애니메이션 DVD는 어디에 있어요?

アニメの DVDは どこに ありますか?

아니메노 DVD와 도꼬니 아리마스까?

우타다히카루 거는 어디 있어요?

宇多田ヒカルのは どこに ありますか?

우따다히까루노와 도꼬니 아리마스까?

새로 나온 거예요?

新譜ですか? (CD, 음악) / 新作ですか? (DVD, 비디오)

신뿌데스까? / 신사꾸데스까?

지금 나오는 음악은 누구 거예요?

今 流れている 歌は 誰の 歌ですか?

이마 나가레떼이루 우따와 다레노 우따데스까?

미야자키감독 것은 어느 쪽에 있어요?

宮崎監督の 作品は どこに ありますか?

미야자키칸또꾸노 사꾸힝와 도꼬니 아리마스까?

지금 가장 인기 있는 가수는 누구예요?

今 一番 人気が ある 歌手は だれですか?

이마 이치방 닌키가 아루 카슈와 다레데스까?

들어볼 수 있어요?

試聴は できますか?

시쵸-와 데키마스까?

08

은행우편

요즘은 우편물을 주고 받는 일은 드물지만, 짐을 부칠 때는 사설 기업택배를 이용하거나
일본 우체국택배를 이용하는 것이 편리합니다.
니혼유우빈(日本郵便) 홈페이지를 참고하세요.

MP3 08-1

■ 번호표를 뽑으세요.

番号札を お取りください。
방고-후다오 오토리구다사이

■ 갖고 계시는 번호가 불려지면 창구쪽으로 오세요.

お手元の番号が 呼ばれましたら、窓口の方へお越しください。
오테모토노 방고-가 요바레마시따라, 마도구치노 호-에 오코시구다사이

통장을 개설하고 싶은데요.

通帳を 作りたいんですが。
츠-쵸-오 츠쿠리따인데스가

한국에서 왔습니다.

韓国から 来ました。
캉코꾸까라 키마시따

한국에서 송금을 받아야 해요.

韓国からの 送金を 受けなくては いけません。
캉꼬꾸까라노 소-킹오 우케나꾸떼와 이케마셍

지금 바로 됩니까?

すぐ できますか?
스구 데키마스까?

이쪽으로 송금을 하고 싶은데요. (계좌번호를 보여주면서)

ここに 送金したいんですが。
고꼬니 소-킹시따인데스가

이거 엔으로 환전 좀 해주세요.

これを 円_{えん}に 両替_{りょうがえ}して ください。

고레오 엔니 료-가에시떼 구다사이

동전으로 바꿔 주세요.

小銭_{こぜに}に くずして ください。

코제니니 쿠즈시떼 구다사이

■ 인감은 가지고 계세요?

印鑑_{いんかん}(はんこ)は お持_もちでしょうか?

잉캉(항꼬)와 오모치데쇼-까?

여권이 필요한가요?

パスポートは 必要_{ひつよう}ですか?

파스포-토와 히츠요-데스까?

useful word					
계좌번호	口座番号	코-자방고-	여권번호	旅券番号	료켄방고-
달러	ドル	도루	이자	利息/利子	리소꾸/리시
도장	はんこ	항꼬	인출하다	引き出す	히키다스
(돈을)깨다	お金をくずす	오카네오쿠즈스	입금	入金	뉴-킹
비밀번호	暗証番号	안쇼-방고-	주소	住所	쥬-쇼
성명	しめい	시메이	잔고	残高	잔다까
송금	送金	소-킹	환전	両替	료-가에

이거, 한국으로 보내고 싶은데요.

これを 韓国まで 送りたいんですが。

고레오 캉코꾸마데 오꾸리따인데스가

항공편으로요. / 선편으로요. / EMS로요.

航空便で。/ 船便で。/ EMSで。

코-쿠-빙데 / 후나빙데 / 이-에무에스데

비용이 얼마죠?

いくらですか?

이꾸라데스까?

며칠 걸리죠?

何日 かかりますか?

난니치 카카리마스까?

오늘 부치면 언제 도착하죠?

今日 送ったら、いつ 着きますか?

쿄- 오쿳따라, 이츠 츠끼마스까?

■ 내용물이 뭐죠?

中身は 何ですか?

나까미와 난데스까?

책이에요.

本です。

혼데스

136

☆ 우체국에서 필요한 말

옷	服	후쿠
서류	書類	쇼루이
그릇	器	우츠와
깨지기 쉬운 것	割れ物	와레모노
취급주의	取扱注意	토리아츠까이츄-이
샘플	サンプル	삼푸루
소포	小包	코즈츠미
편지	手紙	테가미
엽서	ハガキ	하가카
우표	切手	깃떼
항공우편	エアメール	에아메-루
받는 사람	あて先	아떼사키

中身は 何ですか?

등기로 보내 주세요.

書留で お願いします。

카키토메데 오네가이시마스

보통 / 속달로 보내 주세요.

普通 / 速達で お願いします。

후츠- / 소꾸타츠데 오네가이시마스

기념우표 있어요?

記念切手は ありますか?

키넨깃떼와 아리마스까?

그림엽서 주세요.

絵ハガキを 下さい。

에하가키오 구다사이

어느 용지에 쓰면 되나요?

どの用紙に 書けば いいのですか?

도노요-시니 카케바 이-노데스까?

작성법을 가르쳐 주세요.

書き方を 教えて ください。

카키카따오 오시에떼 구다사이

우편번호를 모르니까 가르쳐 주시겠어요?

郵便番号が わからないので、教えて いただけますか?

유-빙방고-가 와카라나이노데, 오시에떼 이따다케마스까?

09

관광하기

여러분 마음속에 담아둔 최고의 여행지는 어디인가요?
가장 즐거웠던 관광지는 어디인지 알려주세요!

🎧 MP3 09-1

하코네(가까운 온천)에 가고 싶은데요.

箱根(近い温泉)に 行きたいんですが。

하코네(치까이온센)니 이끼따인데스가

어떻게 가면 되죠?

どう 行ったら いいんですか?

도- 잇따라 이인데스까?

JR패스는 어디서 구입할 수 있어요?

JRパスは どこで 購入できますか?

제이아-루 파스와 도꼬데 코-뉴-데끼마스까?

두 사람이면 비용이 얼마나 들까요?

2人で いくら かかりますか?

후따리데 이꾸라 카카리마스까?

단체로 같이 가고 싶은데요.

団体で 一緒に 行きたいんですが。

단따이데 잇쇼니 이끼따인데스가

당일치기로 다녀올 수 있나요?

日帰り出来ますか?

히가에리 데키마스까?

어떤 코스가 있어요?

どんな コースが ありますか?

돈나 코-스가 아리마스까?

■ 어디를 구경하고 싶으세요?

どこを 観光_{かんこう}されたいですか?

도꼬오 캉코-사레따이데스까?

모두 포함해서 얼마예요?

全部_{ぜんぶ} 含_{ふく}めて いくらですか?

젠부 후쿠메떼 이꾸라데스까?

그걸로 해 주세요.

それを お願_{ねが}いします。

소레오 오네가이시마스

도쿄디즈니랜드는 어떻게 가죠?

東京_{とうきょう}ディズニーランドには どう 行きますか?

토-쿄-디즈니-란도니와 도- 이키마스까?

useful word

日帰り(당일치기)	1泊2日(1박2일)	2泊3日(2박3일)
히가에리	입빠꾸후츠카	니하꾸밋까
ガイドブック(가이드북)	地図(지도)	ガイド(안내원)
가이도 붓꾸	치즈	가이도
遺跡(유적지)	博物館(박물관)	祭(축제)
이세끼	하쿠부츠캉	마츠리

관광하기

명소를 구경하고 싶은데요.

名所を 見物したいんですが。

메-쇼오 겐부츠시따인데스가

저건 무슨 건물이에요?

あの 建物は 何ですか?

아노 타테모노와 난데스까?

유명해요?

有名ですか?

유-메-데스까?

입장권을 사야 하나요?

入場券を 買わないと いけませんか?

뉴-죠-켕오 카와나이또 이케마셍까?

■ 무료입니다.

無料です。

무료-데스

개관(폐관)은 몇시죠?

開館(閉館)は 何時ですか?

카이캉(헤-캉)와 난지데스까?

일요일에도 하나요?

日曜日も 開いていますか?

니치요-비모 아이떼이마스까?

입구가 어디죠?

入口は どこですか?

이리구치와 도꼬데스까?

한국에서 왔어요.

韓国から 来ました。

캉코쿠까라 키마시따

친구들하고 왔어요.

友達と 来ました。

토모다치또 키마시따

회사동료들과. / 혼자서. / 출장차.

会社の 同僚と。 / 一人で。 / 出張で。

카이샤노 도-료-또 / 히또리데 / 슛쵸-데

일본은 처음입니다.

日本は 初めてです。

니홍와 하지메떼데스

두번째입니다.

2回目です。

니카이메데스

여러번 왔어요.

数回 来ました。

스-카이 키마시따

143

여기서 사진을 찍어도 되나요?

ここで 写真 撮っても いいですか？

고꼬데 샤싱 톳떼모 이이데스까?

죄송하지만, 사진 좀 찍어 주실래요?

すみませんが、写真を 撮っていただけますか？

스미마셍가, 샤싱오 돗떼이따다케마스까?

여기를 누르기만 하면 됩니다.

ここを 押すだけで いいです。

고꼬오 오스다케데 이이데스

네, 치-즈.

はい、チーズ。

하이, 치-즈

고맙습니다.

ありがとうございました。

아리가토-고자이마시따

기념으로 같이 찍을까요?

記念に 一緒に 撮りましょうか？

기넨니 잇쇼니 토리마쇼-까?

4. 도쿄의 명소

관광하기

어디가 유명해요?

どこが 有名ですか?
도꼬가 유-메-데스까?

■ 우에노공원에 가 봤어요?

上野公園に 行ってみましたか?
우에노코-엔니 잇떼미마시따까?

거기에 가면 벚꽃을 볼 수 있어요.

そこに 行けば さくらが 見れますよ。
소꼬니 이케바 사꾸라가 미레마스요

■ 유람선 타 봤어요?

遊覧船 乗ってみました?
유-란센 놋떼미마시따?

아뇨, 아직….

いいえ、まだ。
이이에, 마다

東京タワー

한번 가 보고 싶어요.

一度 行ってみたいです。
이치도 잇떼미따이데스

도쿄타워에 데려다 주세요.

東京タワーに 連れて行って ください。
도-쿄-타와-니 츠레떼잇떼 구다사이

145

이 근처에 놀이공원 있어요?

この付近に 遊園地は ありますか?

고노후킨니 유-엔치와 아리마스까?

1일 자유이용권 두 장 주세요.

一日パスポート券(フリーパス券) 2枚 下さい。

이치니치 파스포-토켄(후리-파스켄)니마이 구다사이

어른 두 장, 어린이 한 장 주세요.

大人 2枚、子供 1枚 下さい。

오토나 니마이, 코도모 이치마이 구다사이

전부 탈 수 있나요?

全部 乗れますか?

젠부 노레마스까?

또 타고 싶어요.

また 乗りたいです。

마따 노리따이데스

아이가 있는데 괜찮을까요?

子供が いるのですが、大丈夫ですか?

코도모가 이루노데스가, 다이죠-부데스까?

무서워요.

怖いです。

코와이데스

다신 타고 싶지 않아요.

もう二度と 乗りたく ありません。
모-니도또 노리따꾸 아리마셍

길을 잃어버렸어요.

道に 迷いました。
미치니 마요이마시따

출구가 어디죠?

出口は どこですか?
데구치와 도꼬데스까?

몇 시까지 해요?

何時までですか?
난지마데데스까?

Tip 도쿄 디즈니씨

도쿄디즈니랜드 옆에 새로 오픈한 도쿄디즈니씨는 바다를 무대로 7개의 테마 포트로 된 세기의 테마파크.

① メディテレーニアンハーバー(메디테레니안하-바-) : 남유럽의 항구도시 느낌.

② アラビアンコースト(아라비안코-스토) : 마법과 신비의 섬.

③ ミステリアスアイランド(미스테리아스아이란도) : 네모 선장의 비밀기지.

④ マーメイドラグーン(마메이도라군) : 인어공주를 만날 수 있는 해저왕국.

⑤ ロストリバーデルタ(로스토리바-데루타) : 미스테리와 낭만의 고대문명세계.

⑥ アメリカンウォーターフロント(아메리칸워터후론토) : 캐릭터가 가득.

⑦ ポートディスカバリー(포-토디스카바리) : 미래세계.

*1デーポート(1일이용권) : 5,500엔 (2일 이상은 디즈니랜드도 이용가)

* JR京葉線舞浜駅(케이요-센 마이하마에끼)에서 바로.

옷을 다 벗고 들어가나요?

服は 全部 脱いで 入るんですか?

후쿠와 젠부 누이데 하이룬데스까?

타올을 좀 주세요.

タオルを 下さい。

타오루오 구다사이

남녀 따로따로인가요?

男女別ですか?

단죠베츠데스까?

혼욕도 있어요?

混浴も ありますか?

콘요꾸모 아리마스까?

온천계란은 얼마예요?

温泉たまごは いくらですか?

온센타마고와 이꾸라데스까?

노천탕은 어디에 있어요?

露天風呂は どこに ありますか?

로텐부로와 도꼬니 아리마스까?

물이 뜨거운가요?

お湯は 熱いですか?

오유와 아츠이데스까?

☆ 온천지에서

온천	温泉	온센
모래탕	砂風呂	스나부로
지옥온천	地獄温泉	지고쿠온센
노천탕	露天風呂	로텐부로
남탕	男湯	오토꼬유
여탕	女湯	온나유
효능	効能	코-노-
류마티즘	リウマチ	리우마치
피부병	皮膚病	히후뵤-
부인병	婦人病	후진뵤-
요통	腰痛	요-츠-
변색	変色	헨쇼꾸

Tip 일본에서 온천 즐기기

유명한 온천지로는 온천 도시로 절대적으로 인기 있는 熱海(아타미-시즈오카현에 있음)와 別府(벳뿌-오오이타현에 있음)가 있다. 아타미는 후지산을 바라보며 느긋하게 온천에 들어가는 즐거움을 안겨주는 고급온천지. 한편 서일본의 벳뿌에서는 "지옥 온천"이라는 무서운 온천이 있어서, 국내외 관광객들의 "지옥순례" 행렬로 늘 붐비는 곳. 게타라고 하는 슬리퍼를 패스포트처럼 하여 어느 온천에나 들어갈 수 있도록 하는 관광상품도 있다. 유난히 온천을 즐기는 일본인들. 주말에는 온천을 즐기려는 사람들로 북적거리는데, 대부분 전철을 이용한다는 것도 한국과는 다른 점이다. 참고로, 우리나라의 영남, 호남처럼 일본은 서일본, 동일본으로 나누거나, 관동(도쿄 쪽), 관서(오사카 쪽)로 나누어 부른다.

10

즐기기

여행 중에 영화나 연극 같은 문화 활동뿐만 아니라 야시장이나 Bar 처럼
밤문화를 경험해 보는 것도 색다른 경험이 될 것입니다.

나이트클럽은 어디가 유명해요?

クラブは どこが 有名^{ゆうめい}ですか?

쿠라부와 도꼬가 유-메-데스까?

비즈니스로 접대할 수 있는 곳은 어디가 좋아요?

ビジネスで 接待^{せったい}するなら どこが いいですか?

비지네스데 셋따이스루나라 도꼬가 이-데스까?

걸어서 갈 수 있나요?

歩^{ある}いて 行^いけますか?

아루이떼 이케마스까?

입장료는 얼마예요?

入場料^{にゅうじょうりょう}は いくらですか?

뉴-죠-료-와 이꾸라데스까?

단체 할인되나요?

団体^{だんたい} 割引^{わりび}き できますか?

단따이 와리비끼 데끼마스까?

1인당 얼마씩 내면 되죠?

1人^{ひとり} いくらずつ 出^だせば いいですか?

히또리 이꾸라즈츠 다세바 이-데스까?

혼자 들어가도 돼요?

一人^{ひとり}で 入^{はい}っても いいですか?

히또리데 하잇떼모 이-데스까?

어떤 쇼가 있어요?

どんな ショーが ありますか?

돈나 쇼-가 아리마스까?

네 사람 기본으로 시키면 얼마 정도 해요?

4人基本で たのむと いくらぐらいですか?

요닌키혼데 타노무또 이꾸라구라이데스까?

술은 위스키 / 맥주로 주세요.

ウィスキー / ビールを 下さい。

위스키 / 비-루오 구다사이

Tip | **도쿄 밤거리의 주인공들**

① 六本木(롯뽕기) : 근처에 아사히방송국도 있어, 연예인(芸能人게-노-진)이 많이 모인다. 심야까지 성업. 지하철 日比谷線(히비야센) 六本木駅(롯뽕기에끼) 하차.

② 歌舞伎町(가부키쵸-) : 일본 최대의 환락가. 단, 호객행위나 이상한 곳은 주의. 지하철 丸ノ内線(마루노우찌센) 新宿線(신주꾸센) 大江戸線(오 - 에토센) 新宿駅(신주꾸에끼) 하차.

③ 赤坂(아카사카) : 정재계의 뒷방석이라 불리는 고급요정가로 유명하다. 주변에 외국 대사관 등이 많아서 나이트클럽, 고급레스토랑이 많고, 밤의 아카사카는 국제적인 환락가로 변한다. 비싼 땅값 때문에 가격은 아주 비싼 편. 지하철 丸ノ内線(마루노우치센), 銀座線(긴자센) 赤坂見附駅(아카사카미츠케에끼) 하차, 지하철 千代田線(치요다센) 赤坂駅(아카사카에끼) 하차.

이 호텔에 카지노 있어요?

この ホテルに カジノは ありますか?

고노 호테루니 카지노와 아리마스까?

어떤 게임이 재미있어요?

どんな ゲームが おもしろいですか?

돈나 게-무가 오모시로이데스까?

이건 어떻게 해요?

これは どうするんですか?

고레와 도-스룬데스까?

처음 해봐요.

^{はじ}初めてです。

하지메떼데스

슬롯머신은 어디 있어요?

スロットは どこに ありますか?

스롯또와 도꼬니 아리마스까?

칩 주세요.

チップ ^{くだ}下さい。

칩뿌 구다사이

칩을 현금으로 바꿔 주세요.

チップを ^{げんきん}現金に ^か替えて ください。

칩뿌오 겡킹니 카에떼 구다사이

당신이 이겼군요.

あなたの 勝ちですね。

아나따노 카치데스네

내가 졌어요.

私が 負けました。

와따시가 마케마시따

그만해야 겠어요.

この辺で やめなければ。

고노헹데 야메나케레바

오늘은 재수가 좋은데요.

今日は 運が いいです。

쿄-와 운가 이이데스

Tip   가볍게 즐기는 빠칭코

パチンコ(파칭코)는 아침 10시부터 영업하는데, 문을 열자마자 많은 손님이 밀어닥친다. 종류는 パチンコ(파칭코), スロット(슬롯머신), パチスロ(파치스로) 등이 있다. 초보자라도 즐겁게 할 수 있도록 ビギナーズラック(비기나-즈라꾸)라는 초보자용 パチンコ台(파칭코다이)까지 준비되어 있다. "マルハンパチンコタワー(마루항파칭코타와-)"는 빌딩의 2~6층을 모두 차지하는 대규모 파칭코빌딩. JR渋谷(시부야)역에서 도보5분 거리.

두 장 주세요.

2枚 下さい。
_{にまい くだ}

니마이 구다사이

몇 시부터 하나요?

何時からですか?
_{なん じ}

난지까라데스까?

어떤 게 재미있어요?

どんな ものが おもしろいですか?

돈나 모노가 오모시로이데스까?

연극공연을 / 콘서트를 보고 싶어요.

演劇 / コンサートを 見たいです。
_{えんげき} _み

엔게키 / 콘사-토오 미따이데스

가부키를 1막만 보고 싶어요.

歌舞伎を 1幕だけ 見たいです。
_{が ぶ き} _{いちまく} _み

가부키오 이치마꾸다케 미따이데스

통역을 해 주나요?

通訳してくれますか?
_{つうやく}

츠-야꾸시떼구레마스까?

■ 영어로 통역한 것을 이어폰으로 들을 수 있습니다.

英語で通訳した物をイヤホーンで聞くことができます。
_{えい ご} _{つうやく} _{もの} _き

에-고데 츠-야꾸시따모노오 이야혼데 키쿠고또가 데키마스

내용을 잘 모르겠어요.

内容が よく わかりません。

나이요-가 요꾸 와카리마셍

따분하다.

退屈だ。

타이구츠다

무대가 화려하다.

舞台が 派手だ。

부따이가 하데다

대사가 빠르다.

台詞が 早い。

세리후가 하야이

Tip 가부키의 전당 歌舞伎座(가부키자)

가부키는 화려한 의상과 정교한 몸동작,
출연진이 모두 남성(여자역을 남자가 한
다.)으로 이루어진 전통극의 하나. 가부키
가 열리는 극장인 가부키자는 1889년에
"고케라 오토시"를 첫 공연으로 지금까지
이어오고 있다. 현재의 건물은 大正(다이
쇼)시대 때의 것이다. 내부에는 정면의 폭이 27M의 무대와 지름 18M의 회전
무대가 있다. 지하철 日比谷線(히비야센) 東銀座駅(히가시긴자에키)역에서
바로. 지하철 銀座線(긴자센), 긴자 역에서 도보 5분.

매표소는 어디에 있어요?

チケット売り場は どこですか?

치켓토우리바와 도꼬데스까?

표 있어요?

チケット ありますか?

치켓토 아리마스까?

좋은 자리 남아 있어요?

いい席は 残ってますか?

이이세키와 노콧떼마스까?

3시 것 어른 두 장 주세요.

3時のを 大人 2枚 下さい。

산지노오 오토나 니마이 구다사이

■ 1인석밖에 없어요.

一人分の 席しか ありません。

히토리분노 세키시까 아리마셍

■ 따로따로 떨어져서 앉으셔야 됩니다.

別々の座席にお座りいただかなければなりません。

베츠베츠노 자세키니 오스와리이따다카나케레바 나리마셍

그럼, 안 되겠군요.

じゃあ、駄目ですね。

쟈- 다메데스네

158

감독	監督	칸또꾸
표	チケット	치켓또
낮공연	日中公演	닛츄-코-엔
당일권	当日券	토-지츠켕
매진	売り切れ	우리키레
무대	舞台	부따이
S석	S席	에스세끼
상영	上映	죠-에이
수상작	受賞作	쥬쇼-사꾸
야간공연	夜間上映	야칸죠-에이
영화관	映画館	에-가캉
입석	立ち見	다치미
주연	主演	슈엔
지정석	指定席	시떼이세키
화제작	話題作	와다이사꾸
수상작	受賞作	쥬쇼-사꾸
멜로	メロ	메로
호러	ホラー	호라-
액션	アクション	아쿠숀
드라마	ドラマ	도라마
애니메이션	アニメーション	아니메-숀

즐기기

159

스모를 보러 가고 싶은데요.

相撲を 見に 行きたいんですが。

스모-오 미니 이끼따인데스가

지금 야구 시즌인가요?

今、野球は シーズン中ですか?

이마, 야큐-와 시-즌츄-데스까?

축구 경기를 보고 싶어요.

サッカー競技を 見たいです。

삿까-쿄-기오 미따이데스

몇 시부터예요?

何時からですか?

난지까라데스까?

언제 끝나요?

いつ 終わりますか?

이츠 오와리마스까?

입장료는 얼마예요?

入場料は いくらですか?

뉴-죠-료-와 이꾸라데스까?

오늘 이치로선수 나오나요?

今日 イチロー選手は 出ますか?

쿄- 이치로 - 센슈와 데마스까?

저 선수 이름이 뭐죠?

あの選手の 名前は 何ですか?

아노센슈노 나마에와 난데스까?

즐기기

경기장 입구가 어디죠?

競技場の 入り口は どこですか?

쿄-기죠-노 이리구치와 도꼬데스까?

이것 가지고 들어가도 돼요?

これを 持ち込んでも いいですか?

고레오 모치콘데모 이-데스까?

응원가를 좀 가르쳐 주세요.

応援歌を 教えて ください。

오-엔까오 오시에떼 구다사이

これを 持ち込んでも いいですか?

Tip 相撲(스모-)

일본의 국기인 스모는 우리나라 씨름과는 달리 원판처럼 생긴 씨름판 바깥으로 상대를 밀쳐내면 이기는 게임이다. 스모는 지역별로 있는데, 최고의 스모선수는 横綱(요코즈나)라고 한다.

🎧 MP3 **10-6**

모두 렌탈 되죠?

全てレンタル できますよね?

스베떼 렌타루 데키마스요네?

초보자용은 어느 것을 타면 돼요?

初心者用は どれですか?

쇼신샤요-와 도레데스까?

■ 스키장갑은 구입하셔야 합니다.

手袋は 購入しなければ なりません。

테부꾸로와 코-뉴-시나케레바 나리마셍

스키강습을 받고 싶어요.

スキー講習を 受けたいのですが。

스키-코-슈-오 우케따이노데스가

야간은 몇 시까지죠?

夜は 何時までですか?

요루와 난지마데데스까?

리프트 1일 이용권 주세요.

リフト 1日 利用券を 下さい。

리후또 이치니치 리요-켕오 구다사이

■ 보증금을 내셔야 합니다.

保証金を 出さなければ なりません。

호쇼-킹오 다사나케레바 나리마셍

초보자용 스키장은 어디예요?

初心者用の ゲレンデは どこですか?

쇼신샤요-노 게렌데와 도꼬데스까?

호텔에서 스키장까지 얼마나 걸려요?

ホテルからゲレンデまでどのくらいかかりますか?

호테루까라 게렌데마데 도노쿠라이 카카리마스까?

보관함이 얼마예요?

ロッカーは いくらですか?

록카-와 이꾸라데스까?

갈아입는 데가 / 식당은 / 매점은 어디죠?

着替える所 / 食堂 / 売店は どこに ありますか?

키가에루 도꼬로 / 쇼꾸도- / 바이텡와 도꼬니 아리마스까?

스키장갑	手袋	테부꾸로
신발	靴	구츠
스틱	ストック	스톳꾸
스키	スキー	스키 -
고글	ゴーグル	고-구루
바지	ズボン	즈봉
모자	帽子	보우시
낭떠러지 있음	崖あり	가케아리

즐기기

근처에 골프연습장 있어요?

近くに ゴルフの 練習場は ありますか?

치까꾸니 고루후노 렌슈-죠- 아리마스까?

골프를 하고 싶어요.

ゴルフを したいです。

고루후오 시따이데스

골프채를 빌리고 싶은데요.

クラブを 借りたいんですが。

쿠라부오 카리따인데스가

모두 빌리는 데 얼마죠?

全て 借りる 場合は いくらですか?

스베떼 카리루 바아이와 이꾸라데스까?

팁을 따로 줘야 하나요?

別に チップが 必要ですか?

베츠니 칩부가 히츠요-데스까?

물수건 있어요?

おしぼりは ありますか?

오시보리와 아리마스까?

스윙하는 방법을 가르쳐 주세요.

スイングの 仕方を 教えて ください。

스윙구노 시까타오 오시에떼 구다사이

즐기기

동전교환소는 어디죠?

両替機は どこですか?

료-가에키와 도꼬데스까?

경품교환소는 어디예요?

景品交換所は どこですか?

케-힝코-캉죠와 도꼬데스까?

저기요, 잠깐만요. (문제가 생겼을 때)

すみません、ちょっと いいですか?

스미마셍, 춋또 이이데스까?

돈 넣어도 안 움직이는데요.

お金を 入れても 動かないんですが。

오카네오 이레떼모 우고카나인데스가

(스티커사진을 찍었을 때) 가위를 좀 빌려 주세요.

はさみを 貸して ください。

하사미오 카시떼 구다사이

저기요, 환전해 주시겠어요? (만엔이나 오천엔 이상일 때)

すみません、両替して いただけますか?

스미마셍, 료-가에시떼이따다케마스까?

전부 다 천 엔짜리로 주세요.

全部 千円札で お願いします。

젠부 센엔사츠데 오네가이시마스

165

자주 보게 되는 길거리 일본어

#자동판매기

あたたかーい	따뜻한 것
つめたーい	차가운 것
コイン投入口	동전 투입구
おつりレバー	거스름돈 레버
千円札	1,000엔 지폐
ビール	맥주
日本酒	정종
お酒は二十歳になってから	술은 20살 이후부터

#간판, 광고

売りつくし	염가세일
飲み放題	마음껏 마실 수 있음
食べ放題	마음껏 먹을 수 있음
今売れてます	지금 팔리고 있습니다
おすすめ	추천하는 것
~%オフ	~%오프
セール	세일

#음식점

しながき	메뉴/차림표
商い中	영업중
おつまみ	술안주
おすすめ	추천하는 것
一人~円	한사람당 ~엔
日替わりメニュー	날마다 바꾸는 메뉴
セルフサービス	셀프서비스
ランチサービス	런치서비스

11

친구사귀기

해외 여행의 즐거움 중의 하나는 현지에서 새로운 친구들을 만나는 것입니다.
일본어로 자신을 소개해보면 어떨까요?

🎧 MP3 11-1

안녕하세요. 만나서 반갑습니다.

こんにちは。初めまして。

곤니치와. 하지메마시떼

저는 올해 24살입니다.

私は 今年 ２４歳です。

와따시와 고또시 니쥬-욘사이데스

저는 대학생 / 고등학생 / 회사원입니다.

私は 大学生/ 高校生/ 会社員です。

와따시와 다이각세- / 코-코-세- / 카이샤잉데스

일본어는 학원에서 두 달 배웠어요.

日本語は 語学スクールで ２ヶ月間勉強しました。

니홍고와 고가꾸스쿠-루데 니카게츠캉 벵쿄-시마시따

친구들과 / 가족들과 같이 왔어요.

友達と / 家族と 一緒に 来ました。

토모다치또 / 카조꾸또 잇쇼니 키마시따

출장차 왔어요.

出張で 来ました。

슛쵸-데 키마시따

이 쪽은 제 친구예요.

この人(こちら)は 私の 友達です。

고노히또(고치라)와 와따시노 토모다치데스

168

일본어는 잘 몰라요.

日本語は よく わかりません。
_{に ほん ご}

니홍고와 요꾸 와카리마셍

잘 부탁합니다.

どうぞ よろしく。

도ー조 요로시꾸

どうぞ よろしく。

useful word

中学生(중학생)	小学生(초등학생)	幼稚園生(유치원생)
츄ー각세ー	쇼ー각세ー	요우치엔세ー
主婦(주부)	会社員(회사원)	教師(학교 교사)
슈후	카이샤잉	코ー시
講師(강사)	医師(의사)	弁護士(변호사)
코ー시	이샤	뱅고시
デザイナー(디자이너)	自営業(자영업)	公務員(공무원)
데자이나ー	지에ー고ー	코ー무인
コック(요리사)	美容師(미용사)	フリーター
콧꾸	비요ー시	후리ー타
モデル(모델)	軍人(군인)	記者(기자)
모데루	군진	키샤

제 딸(아들)이에요.

私の むすめ(むすこ)です。

와따시노 무스메(무스꼬)데스

이쪽은 제 와이프입니다.

私の 妻 / 家内です。

와따시노 츠마 / 카나이데스

처음 뵙겠습니다.

はじめまして。

하지메마시떼

스즈키 씨께 신세를 많이 지고 있지요?

すずきさんには いつも お世話になっています。

스즈키상니와 이츠모 오세와니낫떼이마스

아뇨, 천만에요. 저야말로.

いいえ、こちらこそ。

이-에, 고치라코소

따님이 아주 귀엽게 생겼네요.

かわいらしい お嬢さまで。

카와이라시이 오죠-사마데

아주 행복하시겠어요.

お幸せそうで。

오시아와세소-데

아버지
父 치치

어머니
母 하하

남동생
弟 오토-토

할머니
祖母 소보

할아버지
祖父 소후

나
私 와따시

☆ 가족을 소개할 때

가족	家族	카조꾸	가족분	ご家族	고카조꾸
부모	両親	료-신	부모님	ご両親	고료-신
남편	主人	슈진	부군	ご主人	고슈진
아내	妻/家内	츠마/카나이	사모님	おくさま	오쿠사마
아들	息子	무스꼬	아드님	息子さん	무스꼬상
딸	娘	무스메	따님	娘さん	무스메상
어머니	母	하하	어머님	お母さん	오카-상
아버지	父	치치	아버님	お父さん	오토-상
언니/누나	姉	아네	언니/누님	おねえさん	오네-상
오빠/형	兄	아니	오빠/형님	おにいさん	오니-상
여동생	妹	이모-또	여동생	妹さん	이모-또상
남동생	弟	오토-또	남동생	弟さん	오토-또상

같이 차라도 한 잔 하실까요?

お茶でも 一杯 どうですか?

오차데모 입빠이 도우데스까?

실례지만 성함이 어떻게 되세요?

すみませんが、お名前の 方 よろしいですか?

스미마셍가, 오나마에노 호- 요로시-데스까?

댁은 어디세요?

ご自宅の 方は どちらですか?

고지따꾸노 호-와 도치라데스까?

나이를 물어봐도 될까요?

お年を 伺っても よろしいですか?

오토시오 우카갓떼모 요로시 - 데스까?

학생이신가요?

学生さんですか?

가쿠세-상데스까?

저는 여행으로 왔어요.

私は 旅行で 来ました。

와따시와 료코-데 키마시따

닛코에 가고 싶은데, 같이 가 주실 수 있어요?

日光に 行きたいのですが、一緒に 行っていただけますか?

닛코 - 니 이끼따이노데스가, 잇쇼니 잇떼이따다케마스까?

이런 말 하기 뭐하지만,

こんな 事まで なんですが、

곤나 고또마데 난데스가

당신이 마음에 들어요.

あなたのこと、気に 入りました。

아나따노고또, 키니 이리마시따

제 스타일이 아니에요.

私の タイプでは ありません。

와따시노 타이푸데와 아리마셍

연락처를 알고 싶어요.

連絡先を 知りたいです。

렌라꾸사키오 시리따이데스

당신을 부를 때는 어떻게 부르면 돼요?

あなたを 呼ぶ 時は、どう 呼んだら いいですか?

아나따오 요부 도끼와, 도- 욘다라 이이데스까?

■ 미란이라고 불러 주세요.

ミランと 呼んで ください。

미란또 욘데 구다사이

고향이 어디신가요?

ご出身は どちらですか?

교슛신와 도치라데스까?

친구사귀기

173

혈액형이 어떻게 되세요?

血液型は 何型ですか?

케츠에끼가따와 나니가타데스까?

띠가 뭐예요?

干支は 何ですか?

에또와 난데스까?

호랑이띠예요.

とら年です。

토라도시데스

저랑 동갑이네요.

私と 同い年ですね。

와따시또 오나이도시데스네

제가 더 어리군요.

私が 年下なんですね。

와따시가 도시시따난데스네

失礼ですが、
ご結婚は?

실례지만, 결혼하셨나요?

失礼ですが、ご結婚は?

시츠레-데스가, 고켓꼰와?

네, 했어요. / 아뇨, 아직.

はい、しています。/ いいえ、まだ。

하이, 시테이마스 / 이-에, 마다

☆ 띠

ねずみ 쥐
네즈미

うし 소
우시

とら 호랑이
토라

うさぎ 토끼
우사기

たつ 용
타츠

へび 뱀
헤비

うま 말
우마

ひつじ 양
히츠지

さる 원숭이
사루

とり 닭
토리

いぬ 개
이누

いのしし 멧돼지
이노시시

※일본에서는 돼지(부따)대신 멧돼지(이노시시)라고 한다.

친구사귀기

12

업무출장

모든 일은 마음먹기에 달려 있다고 합니다.
부담스러운 회사 업무로 만나더라도
예의있게 최선을 다해 이야기하려고 노력하면, 좋은 결과가 있을 것입니다.

🎧 MP3 12-1

여보세요. 스즈키 씨 좀 부탁드립니다.

もしもし、鈴木さん お願いします。

모시모시, 스즈키상 오네가이시마스

누구시죠?

どちら様ですか?

도치라사마데스까?

한국에서 온 김미란이라고 합니다.

韓国の 金ミランと 申します。

캉코쿠노 키무미란또 모-시마스

■ 아, 저예요. 안녕하세요? 지금 어디세요?

あ、私です、こんにちは。今 どちらですか?

아, 와따시데스, 곤니치와. 이마 도치라데스까?

신주쿠 프린스호텔이에요.

新宿プリンスホテルです。

신주쿠프린스호테루데스

죄송하지만, 이쪽으로 와 주실 수 있나요?

申し訳ありませんが、こちらの方に来ていただけますか?

모-시와케아리마셍가, 고치라노호-니 키떼이따다케마스까?

길을 잘 몰라서요.

道が よく わからなくて…。

미치가 요꾸 와까라나쿠떼…

■ 죄송합니다만, 지금 스즈키 씨는 외출중이신데요.

申し訳ありません、鈴木は 今 外出中ですが。
모-시와케아리마셍, 스즈키와 이마 가이슈츄-데스가

몇 시쯤 들어오실까요?

何時頃 お戻りになられますか?
난지고로 오모도리니나라레마스까?

■ 전하실 말씀 있으세요?

お伝えすることは ございますか?
오츠따에스루고또와 고자이마스까?

그럼, 김미란이 지금 프린스호텔에 와 있다고 전해 주세요.

では金ミランがプリンスホテルに来ているとお伝えいただけますか?
데와 키무미란가 프린스호테루니 키떼이루또 오츠따에이따다케마스까?

제가 전화 다시 드리겠습니다.

私が 後程 お電話 差し上げます。
와따시가 노치호도 오뎅와 사시아게마스

휴대폰 번호는 몇 번이죠?

携帯電話は 何番ですか?
케-따이뎅와와 난반데스까?

(전화를 끊을 때) 안녕히 계세요.

失礼いたします。
시츠레-이따시마스

업무출장

179

네, 제이플러스입니다.

はい、ジェープラスです。

하이, 제－프라스데스

실례지만, 누구십니까?

失礼ですが、どちら様ですか?

시츠레－데스가, 도치라사마데스까?

스즈키는 외출중입니다.

鈴木は 外出中です。

스즈키와 가이슈츠츄－데스

잠깐만요.

ちょっと お待ちください。

춋또 오마치구다사이

잠시만요.

少々 お待ちください。

쇼－쇼－오마치구다사이

전화 잘못 거셨어요.

番号 お間違いですよ。

방고－ 오마치가이데스요

죄송합니다. 전화 잘못 걸었습니다.

すみません、番号 間違えました。

스미마셍, 방고－ 마치가에마시따

180

☆ 전화에 관한 말

공중전화	公衆電話	코-슈-뎅와
국제전화	国際電話	코쿠사이뎅와
긴급 전화번호	緊急電話番號	킹큐-뎅와방고-
번호 안내	番号案内	방고-안나이
수신자 부담 전화	コレクトコール	코레쿠토코-루
수화기	受話器	쥬와키
시내전화	市内電話	시나이뎅와
자동응답 전화	留守番電話	루스방뎅와
잘못 걸린 전화	間違い電話	마치가이뎅와
장거리 전화	長距離電話	쵸-코리뎅와
장난전화	いたずら電話	이따즈라뎅와
전화 박스	電話ボックス	뎅와복스
전화기	電話機	뎅와키
전화번호부	電話帳	뎅와쵸-
전화번호	電話番号	뎅와방고-
통화요금	通話料金	츠-와료-킹
휴대전화	携帯電話	케-타이뎅와

ハロー?

🎧 MP3 12-4

스즈키 과장님과 만나기로 약속했습니다만….

鈴木課長にお目にかかることになっているんですが…。

스즈키카쵸-니 오메니카카루코또니낫떼이룬데스가

한국에서 온 김미란입니다.

韓国の 金ミランです。

캉코쿠노 키무미란데스

안녕하세요? 처음 뵙겠습니다.

こんにちは? 初めまして。

곤니치와 하지메마시떼

저는 김미란이라고 합니다.

私は 金ミランと 申します。

와따시와 키무미란또 모-시마스

이것 별거 아니지만…. (선물을 건네면서)

これ つまらない 物ですが…。

고레 츠마라나이모노데스가

항상, 감사합니다.

いつも ありがとうございます。

이츠모 아리가또-고자이마스

■ 길은 바로 찾으셨습니까?

道は すぐ お分かりになられましたか?

미치와 스구 오와카리니나라레마시따까?

조금 헤맸지만, 약도 덕분에 잘 왔습니다.

少し迷いましたが、地図のおかげでなんとか着きました。

스꼬시 마요이마시따가, 치즈노 오카게데 난또까 츠키마시따

■ 이쪽은 저희 사장님입니다.

こちらが 私どもの 社長です。

고치라가 와따시도모노 샤쵸-데스

처음 뵙겠습니다. 늘 신세를 지고 있습니다.

初めまして。いつも お世話になっております。

하지메마시떼 이츠모 오세와니낫떼오리마스

이쪽이야말로. (저희야말로)

こちらこそ(お世話になっています)。

고치라코소(오세와니낫떼이마스)

앞으로도 잘 부탁드리겠습니다.

これからも よろしく お願いします。

고레까라모 요로시꾸 오네가이시마스

그럼, 안녕히 계십시오. (방문처를 나올 때)

では、失礼いたします。

데와 시츠레-이따시마스

사장님께 안부 전해 주세요.

社長に よろしく お伝えください。

샤초-니 요로시꾸 오츠따에구다사이

다름아니라, 신제품을 보여 드리려구요.

他^{ほか}でもなく、新製品^{しんせいひん}のご紹介^{しょうかい}をさせて頂^{いただ}こうかと思^{おも}いまして。

호카데모나꾸, 신세-힝노 고쇼-카이오 사세떼이따다코-또 오모이마시떼

전에 말씀드린 그 제품입니다.

先日^{せんじつ} 申^{もう}し上^あげました あの 製品^{せいひん}です。

센지츠 모-시아게마시따 아노 세-힝데스

한국에서도 곧 출시됩니다.

韓国^{かんこく}でも すぐ 出荷^{しゅっか}される 予定^{よてい}です。

캉코쿠데모 스구 슛카사레루 요테-데스

아주 반응이 좋습니다.

とても 受^うけが いいです。/ 反応^{はんのう}が いいです。

도떼모 우케가 이이데스 / 한노-가 이이데스

디자인이 아주 예쁘군요.

デザインが とても かわいいですね。

데자인가 도테모 카와이이데스네

가격이 조금 비싸군요.

価格^{かかく}(値段^{ねだん})が ちょっと 高^{たか}いですね。

카카쿠(네단)가 춋또 다카이데스네

가격은 최대한 맞춰 드리겠습니다.

価格^{かかく}の方^{ほう}は、出来^{でき}るだけご要望^{ようぼう}に合^あわせるよう努力^{どりょく}するつもりです。

카카쿠노 호-와, 데키루다케 고요-보-니 아와세루요- 도료쿠스루 츠모리데스

색깔별로 우선 3000개씩 발주하겠습니다.

各色 まず 三千個ずつ 発注します。

카쿠쇼쿠 마즈 산젠코즈츠 핫츄-시마스

■ 계약서를 가져오겠습니다.

契約書を 持って参ります。

케-야꾸쇼오 못떼 마이리마스

■ 모처럼 오셨으니까.

わざわざ お越しいただいたので。

와자와자 오코시이따다이따노데

감사합니다.

ありがとうございます。

아리가토-고자이마스

수량과 가격을 조정해서 팩스로 연락 드리겠습니다.

数量と価格を調節し、ファックスでご連絡差し上げます。

스-료-또카카꾸오 쵸-세츠시, 화꾸스데 고렌라꾸 사시아게마스

인사차 들른 것이니까요.

あいさつの ために 立寄ったので。

아이사츠노 타메니 다치욧따노데

견적서를 뽑아서 보내 드리겠습니다.

見積書を お送りいたします。

미츠모리쇼오 오오쿠리이따시마스

업무출장

🎧 MP3 12-7

이 책의 판권을 계약하고 싶습니다만.

この本の 版権を 契約したいのですけれども。

고노혼노 한켄오 케-야꾸시따이노데스케레도모

죄송합니다만, 그 책은 이미 계약이 되었습니다.

申し訳ありません。その本はすでに契約されました。

모-시와케아리마셍. 소노홍와 스데니 케-야꾸사레마시따

시리즈가 모두 몇 권짜리입니까?

シリーズが 全部で 何冊ですか?

시리-즈가 젠부데 난사츠데스까?

이 책을 한국에서 출판하고 싶습니다.

この本を 韓国で 出版したいです。

고노홍오 캉코쿠데 슛판시따이데스

견본을 받을 수 있습니까?

サンプルを もらう 事は できますか?

삼푸루오 모라우 고또와 데키마스까?

에이전시를 통해야 합니까?

エージェンシーを 通さなくては いけませんか?

에-젠-시-오 토-사나꾸떼와 이케마셍까?

직접 계약할 수도 있습니까?

直接 契約する ことも できますか?

쵸꾸세츠 케-야꾸루 고또모 데키마스까?

이건 제 명함입니다.

これは 私(わたし)の 名刺(めいし)です。

고레와 와따시노 메-시데스

자세한 것은 에이전시를 통해 연락 드리겠습니다.

詳(くわ)しいことはエージェンシーを通(とお)してご連絡差(れんらくさ)し上(あ)げます。

쿠와시이고또와 에-젠시-오 토오시떼 고렌라꾸사시아게마스

꼭 계약이 성사되기를 바랍니다.

契約(けいやく)が うまく いくことを 願(ねが)っております。

케-야꾸가 우마꾸 이꾸고또오 네갓떼오리마스

이 책을 이대로 수입해서 팔고 싶습니다.

この本(ほん)をこのまま輸入(ゆにゅう)して売(う)りたいと思(おも)っております。

고노홍오 고노마마 유뉴-시떼 우리따이또 오못떼오리마스

저희는 아동물 전문 출판사입니다.

私(わたし)どもは 兒童用専門(じどうようせんもん)の 出版社(しゅっぱんしゃ)です。

와따시도모와 지도-요-센몬노 슛판샤데스

귀사 도서에 관심이 있습니다.

貴社(きしゃ)の 図書(としょ)に 関心(かんしん)が あります。

키샤노 토쇼니 칸신가 아리마스

주로 아동물 / 어학 / 소설 / 실용서를 내고 있습니다.

主(おも)に兒童本(じどうぼん) / 語学書(ごがくしょ) / 小說(しょうせつ) / 実用書(じつようしょ)を出(だ)しています。

오모니 지도-본 / 고가쿠쇼 / 쇼-세츠 / 지츠요-쇼오 다시떼이마스

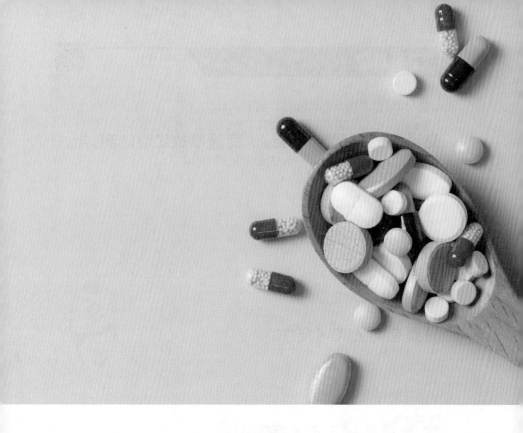

13

트러블

외국에서 일어나지 않기를 희망하는 트러블 상황입니다.
부득불 맞닥뜨린 여러 상황에서 필요한 말을 담았습니다.

🎧 MP3 13-1

교통사고가 났어요. / 교통사고 당했어요.

交通事故が 起きました。/ 交通事故に 遭いました。

코-츠-지코가 오키마시따 / 코-츠-지코니 아이마시따

차에 부딪혔어요.

車に ぶつかりました。

쿠루마니 부츠카리마시따

경찰을 불러 주세요.

警察を 呼んで ください。

케-사츠오 욘데 구다사이

구급차를 불러 주세요.

救急車を 呼んで ください。

큐-큐-샤오 욘데 구다사이

사진을 찍어 두겠습니다.

写真を 撮っておきます。

샤싱오 돗떼오키마스

저는 위반하지 않았습니다.

私は 違反しませんでした。

와따시와 이한시마셍데시따

피해자는 저라구요.

被害者は 私ですよ。

히가이샤와 와따시데스요

☆ 자동차 사고 관련용어

가해자	加害者	카가이샤
견인차	レッカー車	렛카-샤
교통사고	交通事故	코-츠-지코
목격자	目撃者	모쿠게키샤
무면허운전	無免許運轉	무멘쿄운텐
뺑소니	ひき逃げ	히키니게
속도위반	速度違反	소꾸도이한
신호위반	信号無視	싱고-무시
안전거리미확보	車間距離未確保	샤칸코리미카쿠호
음주운전	飮酒運轉	인슈운텐
주정차위반	駐車違反	츄-샤이항
주차딱지	駐車違反切符	츄-샤이항킷뿌
피해자	被害者	히가이샤
보험처리	保險処理	호켕쇼리
합의	合意	고-이
합의금	合意金	고-이킹

Tip 일본에서 교통사고가 났을 때는?

구급차 전화는 한국과 마찬가지로 119번이다. 경찰은 110. 급한데 전화가 없을 때는 근처 편의점 같은 데서 전화를 빌려 쓰면 된다. 공중전화가 있을 때는 전화기에 붉은색 버튼이 있는데, 이 버튼을 누르면 경찰에 직접 연결된다.

191

■ 어디가 아프세요?

どうされましたか? / どこが 痛みますか?

도-사레마시따까? / 도꼬가 이따미마스까?

감기기운이 있어요.

カゼ気味です。

카제기미데스

열이 나요.

熱が あります。

네츠가 아리마스

기침을 해요.

咳が 出ます。

세키가 데마스

목이 아파요.

喉が 痛いです。

노도가 이따이데스

다리를 삐었어요.

足を くじきました。

아시오 쿠지키마시따

배가 아파요.

おなかが 痛いです。

오나까가 이따이데스

おなかが 痛いです。

가려워요.

かゆいです。
카유이데스

뜨거운 물에 데였어요.

熱湯で 火傷しました。
ねっとう　やけど
넷또-데 야케도시마시따

혹이 났어요.

たんこぶが できました。
탕꼬부가 데끼마시따

생리중 / 임신중이에요.

生理中/ 妊娠中です。
せい り ちゅう　にんしんちゅう
세이리츄- / 닌신츄-데스

아무것도 못 먹겠어요.

何も 食べられそうに ありません。
なに　　た
나니모타베라레소우니 아리마셍

토할 것 같애요.

吐きそうです。
は
하키소-데스

처방전을 주세요.

処方箋を 下さい。
しょほうせん　くだ
쇼호-센오 구다사이

■ 보험증 있습니까?

保険證 お持ちですか?

호켄쇼- 오모치데스까?

외국사람입니다.

外国人です。

가이코쿠진데스

구급차를 불러 주세요.

救急車を 呼んで ください。

큐-큐-샤오 욘데 구다사이

■ 수술해야 합니다.

手術しなければ なりません。

슈쥬츠시나케레바 나리마셍

언제 퇴원할 수 있죠?

いつ 退院できますか?

이츠 타이잉데키마스까?

입원절차를 밟아 주세요.

入院手続きを してください。

뉴-잉테츠즈키오 시떼구다사이

한국어를 할 수 있는 선생님 계십니까?

韓国語が 話せる 先生は いらっしゃいますか?

캉코쿠고가 하나세루 센세이와 이랏샤이마스까?

■ 상용하는 약이 있습니까?

常用している 薬は ありますか?

죠-요-시떼이루 구스리와 아리마스까?

■ 평소 앓고 있는 병이 있습니까?

普段 患っている 病気は ありますか?

후단 와즈랏떼이루 뵤-키와 아리마스까?

저는 알레르기체질이에요.

私は アレルギー体質です。

와따시와 아레루기-타이시츠데스

트러블

혈압이 높은 편이에요.

血圧が 高い 方です。

케츠아츠가 다까이 호-데스

저혈압 / 고혈압이에요.

低血圧 / 高血圧です。

테-케츠아츠 / 코-케츠아츠데스

빈혈이 있어요.

貧血気味です。

힌케츠기미데스

관절 / 기관지 / 심장 / 위 / 간이 안 좋아요.

関節/ 気管支/ 心臓/ 胃/ 肝臓が よくありません。

칸세츠 / 키칸시 / 신조- / 이 / 칸조-가 요쿠아리마셍

내과	内科	나이까
방사선과	放射線科	호-샤센까
산부인과	産婦人科	산후진까
소아과	小兒科	쇼-니까
신경외과	神經外科	신케-게까
안과	眼科	간카
외과	外科	게까
이비인후과	耳鼻咽喉科	지비인코-까
정형외과	整形外科	세-케-게까
치과	歯科	시까
피부과	皮膚科	히후까
맥박을 재다	脈拍を測る	먀꾸하꾸오 하카루
엑스레이촬영을 하다	レントゲンを撮る	렌토겐오 토루
혈압을 재다	血圧を測る	케츠아츠오 하카루
링거를 맞다	リンゲルを打つ	링게루오 우츠
마취	麻醉	마스이
소변검사	尿検査	뇨-켄사
진찰실	診察室	신사츠시츠
주사	注射	츄-샤
초음파	超音波	쵸-온파

☆ 증상과 처방

고혈압	高血壓	코-케츠아츠
골절	骨折	콧세츠
관절염	関節炎	칸세츠엔
류마티스	リウマチ	리우마치
부목	副木	후쿠보쿠
설사	下痢	게리
신경통	神経痛	신케-츠-
쇼크	ショック	숏꾸
영양부족	栄養不足	에이요-부소쿠
외상	外傷	가이쇼-
인공호흡	人工呼吸	진코-코큐-
임신중	妊娠中	닌신츄-
저혈압	低血圧	테이케츠아츠
질식	窒息	칫소쿠
중독	中毒	츄-도쿠
콜레라	コレラ	코레라
타박상	打撲	다보쿠
폐렴	肺炎	하이엔
하혈	下血	게케츠
호흡곤란	呼吸混乱	코큐-콘란

지갑을 잃어버렸어요.

財布を なくしました。
사이후오 나꾸시마시따

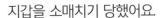

가방을 도둑 맞았어요.

カバンを 盗まれました。
카방오 누스마레마시따

지갑을 소매치기 당했어요.

財布を すられました。
사이후오 스라레마시따

■ 어디서 잃어버렸어요?

どこで なくしたのですか?
도꼬데 나꾸시따노데스까?

아마도 백화점에서 / 전철에서 / 서점에서 / 식당에서

多分デパートで / 電車の中で / 本屋で / 食堂で
타분 데파-또데 / 덴샤노 나까데 / 홍야데 / 쇼꾸도-데

모르겠어요.

よく わかりません。
요꾸 와까리마셍

전철에 가방을 두고 내린 것 같아요.

電車に カバンを 置き忘れて 来たようです。
덴샤니 카방오 오키와스레떼 키따요우데스

분실물센터는 어디에 있어요?

忘れものセンターは どこですか?
와스레모노센타-와 도꼬데스까?

가방을 잃어버렸는데 찾을 수 있을까요?

かばんをなくしたのですが、見つける事ができますか?
가방오 나꾸시따노데스가, 미츠케루고또가 데키마스까?

아, 이거예요. 감사합니다.

あ、これです。ありがとうございました。
아, 고레데스 아리가토-고자이마시따

Tip **지하철에서 물건을 잃어버렸을 때…**

분실한 당일은 가장 가까운 역무실(役務室)에서 보관하고 있으므로, 가장 가까운 역으로 연락하면 된다. 하지만, 하루가 지나고부터는 「お忘れ物センター」(오와스레모노센타)로 넘어가므로 이쪽으로 연락해야 한다.

분실문 센터 동경역 : 03-3231-1880

🎧 MP3 13-5

아이가 없어졌어요.

子供がいなくなりました。/ 子供が迷子になりました。

코도모가 이나꾸나리마시따/ 코도모가 마이고니 나리마시따

신고해 주세요. / 방송해 주세요.

申告して ください。/ 放送して ください。

신코쿠시떼 구다사이 / 호-소-시떼 구다사이

다섯 살된 여자 아이예요.

5歳の 女の子です。

고사이노 온나노코데스

그림을 그려 드릴게요.

似顔絵を 描きますので。

니가오에오 카키마스노데

위에는 빨간색 티셔츠고, 밑에는 파란색 바지예요.

上は赤色のティーシャツで、下は青色のズボンです。

우에와 아까이로노 티-샤츠데, 시따와 아오이로노 즈봉데스

찾았어요?

見つかりましたか?

미츠카리마시따까?

감사합니다.

ありがとうございます。

아리가또-고자이마스

여권을 잃어버렸어요.

パスポートが なくなりました。

파스포-토가 나꾸나리마시따

한국대사관 전화번호가 몇 번이죠?

韓国大使館の 電話番号は 何番ですか?

캉코쿠타이시캉노 뎅와방고-와 난반데스까?

신고해 주세요.

申告して ください。 / 届け出て ください。

신코쿠시떼 구다사이 / 토도케데떼 구다사이

여권을 재발급해 주세요.

パスポートを 再発行して ください。

파스포-토오 사이핫코-시떼 구다사이

얼마나 걸릴까요?

どのくらい かかりますか?

도노쿠라이 카카리마스까?

사진이 없는데, 근처에 사진관 있어요?

写真がないのですが、近くに写真屋はありますか?

샤싱가 나이노데스가, 치까꾸니 샤싱야와 아리마스까?

여권용으로 뽑아 주세요. (사진관에서)

パスポート用を おねがいします。

파스포 - 토요 - 오 오네가이시마스

길을 잃어버렸어요.

道に 迷いました。

미치니 마요이마시따

길을 잃어버렸는데, 역까지 가는 길을 좀 가르쳐 주세요.

道に迷ったのですが、駅までの行き方を教えて頂けますか?

미치니 마욧따노데스가, 에끼마데노 이키까따오 오시에떼 이따다케마스까?

저는 신주쿠에 있는 프린스호텔에 머물고 있어요.

私は新宿にあるプリンスホテルに泊っています。

와따시와 신주쿠니 아루 프린스호테루니 토맛떼 이마스

(택시를 타고) 신주쿠프린스호텔까지 가 주세요.

新宿プリンスホテルまで お願いします。

신주쿠프린스호테루마데 오네가이시마스

파출소가 어디예요?

交番は どこに ありますか?

코-방와 도꼬니 아리마스까?

죄송하지만, 요금은 도착해서 드릴게요.

申し訳ありませんが、料金は到着して差し上げますので。

모우시와케 아리마셍가, 료-킹와 토-챠꾸시떼 사시아게마스노데

지갑을 소매치기 당해서 그래요.

財布を すられたんですよ。

사이후오 스라레딴데스요

죄송하지만, 호텔까지 데려다 주세요.

すみませんが、ホテルまで 連れて行って 下さい。

스미마셍가, 호테루마데 츠레떼잇떼 구다사이

저기요, 여기가 어딘지 좀 가르쳐 주세요.

すみません、ここがどこなのか 教えて 頂けますか?

스미마셍, 고꼬가 도꼬나노까 오시에떼 이따다케마스까?

근처에 미츠코시백화점이 있어요. (자신의 위치를 알려줄 때)

近くに 三越デパートが あります。

치카쿠니 미츠코시데파-토가 아리마스

시부야 109라고 쓰여진 건물이 있어요.

渋谷109と 書いてあるビルが あります。

시부야이치마루큐토 카이떼아루 비루가 아리마스

여기서 우체국이 보여요.

ここから 郵便局が 見えます。

고꼬까라 유-빈쿄쿠가 미에마스

이쪽으로 나와 주실 수 있나요?

こちらに 来て いただけますか?

고찌라니 기떼 이다다케마스까?

귀찮게 해서 죄송해요.

ご迷惑を おかけして、申し訳ありません。

고메-와쿠오 오까께시테 모-시와께아리마셍

🎧 MP3 13-8

도와 주세요.

手^て伝^{つだ}って ください。/ 助^{たす}けて ください。

테츠닷떼 구다사이 / 다스케떼 구다사이

빨리요.

はやく。

하야꾸

서둘러 주세요.

急^{いそ}いで ください。

이소이데 구다사이

급해요.

急^{いそ}ぎです。

이소기데스

사람을 / 경찰을 불러 주세요.

人^{ひと}を / 警察^{けいさつ}を 呼^よんで ください。

히또오 / 케-사츠오 욘데 구다사이

화재가 발생했습니다.

火事^{かじ}が 発生^{はっせい}しました。

카지가 핫세-시마시따

지진입니다.

地震^{じしん}です。

지신데스

사람이 다쳤어요.

人が ケガしました。

히또가 케가시마시따

쓰러졌어요. / 기절했어요. / 피를 흘려요.

倒れています。/ 気絶しています。/ 血を流しています。

타오레떼이마스 / 키제츠시떼이마스 / 치오나가시떼이마스

물에 빠졌어요.

水の中に 落ちました。

미즈노나까니 오치마시따

트러블

위급해요.

緊急です。

킨큐-데스

강도예요.

強盗です。

고-토-데스

치한이에요!!

痴漢です!!

치칸데스!!

아이가 물에 빠졌어요.

子供が 溺れています。

코도모가 오보레떼이마스

바가지를 썼어요.

ぼられました。
보라레마시따

사기를 당했어요.

詐欺(さぎ)に あいました。
사기니 아이마시따

저 사람이 범인이에요.

あの人(ひと)が 犯人(はんにん)です。
아노히또가 한닝데스

제가 봤어요.

私(わたし)が 見(み)ました。/ 私(わたし)が 目撃(もくげき)しました。
와따시가 미마시따 / 와따시가 모꾸게끼시마시따

이거 신세를 많이 졌습니다.

どうも お世話(せわ)に なりました。
도-모 오세와니 나리마시따

고의가 아니었습니다.

故意(こい)ではありませんでした。
코이데와아리마셍데시따

몰랐습니다.

知(し)りませんでした。
시리마셍데시따

괜찮으세요?

大丈夫ですか?

다이죠-부데스까?

도와 드릴까요?

お助け致しましょうか?

오타스케이따시마쇼-까?

진정하세요.

落ち着いて ください。

오치츠이떼 구다사이

정신차리세요.

しっかりして ください。

싯카리시떼 구다사이

걱정하지 마세요. 안심하세요.

心配しないで ください。安心して ください。

심빠이시나이데 구다사이. 안신시떼 구다사이

신고했어요.

申告しました。/ 届け出ました。

신코쿠시마시따 / 토도케데마시따

어떻게 해야 하죠?

どうしたら いいんですか?

도-시따라 이인데스까?

트러블

207

14

귀국

훌륭한 여행가들이 흔히 그렇듯이,
내가 기억하는 것보다 많은 것을 보았고
내가 본 것보다 많은 것을 기억하고 있다.
-벤저민 디즈레일리

BACK

여보세요. JAL이죠?

もしもし。JALですか?

모시모시 자루데스까?

예약 확인하려구요.

予約 確認したいのですが。

요야꾸카쿠닝시따이노데스가

■ 성함과 날짜를 말씀해 주세요.

お名前と 予定日を お願いします。

오나마에또 요떼-비오 오네가이시마스

이름은 김미란이고, 12월 25일 출발입니다.

名前は 金ミランで、12月25日 出発です。

나마에와 키무미란데, 쥬-니가츠 니쥬-고니치 슛바츠데스

■ 플라이트넘버는 어떻게 되시죠?

フライトナンバーは?

후라이토남바-와?

KE702편입니다.

KE702便です。

케이이 나나햐쿠니(나나제로니)빈데스

■ 네, 확인됐습니다.

はい、確認できました。

하이, 카쿠닝데키마시따

210

12월 25일편을 취소하고 싶은데요.

じゅうにがつにじゅうごにち びん
１２月２５日の便を キャンセルしたいのですが。
쥬-니가츠니쥬-고니치노빈오 킨세루시따이노데스가

■ 며칠로 변경하시겠습니까?

なんにち へんこう き ぼう へんこう び
何日に ご変更されますか? / ご希望の変更日は?
난니치니 고헹코-사레마스까? / 고키보-노 헹코-비와?

12월 27일로 해 주세요.

じゅうにがつにじゅうしちにち
１２月２７日に して ください。
쥬-니가츠 니쥬-시치니치니 시떼 구다사이

가능합니까?

できますか?
데키마스까?

귀국

JAL : 0120-25-5931
JAS : 0120-7-11283
ANA : 0120-029-222
大韓航空(대한항공) : 0088-21-2001
アシアナ航空(아시아나 항공) : 03-5572-76512

요즘은 대부분 E-티켓으로 발권이 되기 때문에 외국 귀국편 예약을 할 때 외국 현지의 해당 항공사 예약센터에 하지 않고 한국에서 항공권을 샀던 여행사에 예약을 부탁해도 된다. 예약한 후에는 E-티켓을 이메일로 받아서 출력하여 가져가면 된다.

저, JAL카운터는 어디에 있어요?

あの、JALの カウンターは どこですか?

아노, 자루노 카운타와 도꼬데스까?

탑승 게이트는 어디입니까?

搭乗ゲートは どこですか?

토-죠-게-토와 도꼬데스까?

여러가지로 신세를 많이 졌습니다. (신세진 사람에게)

どうも お世話に なりました。

도-모 오세와니 나리마시따

정말 감사했습니다.

本当に ありがとうございました。

혼또-니 아리가토-고자이마시따

여기요, 계산 부탁합니다. (면세점에서)

すみません、計算 お願いします。

스미마셍 케-산, 오네가이시마스

■ 여권을 보여 주십시오.

パスポートを 見せてください。

파스포-토오 미세떼구다사이

앗, 늦겠다. 시간이 없어요.

あっ、遅れそう。時間が ないです。

앗, 오쿠레소-. 지캉가 나이데스

세관에 걸리지 않을까요?

税関で ひっかからないでしょうか?

제-캉데 힛까까라나이데쇼-까?

■ 괜찮습니다.

大丈夫です。

다이죠-부데스

여기요. 봉투를 몇 개 좀 받을 수 있을까요?

すいません。袋を いくつか いただけますか?

스미마셍. 후쿠로오 이꾸쯔까 이따다케마스까?

영수증 주세요.

領収証 ください。

료-슈-쇼- 구다사이

■ 계산은 어떻게 하시겠습니까?

ご会計の方は どのように されますか?

고카이케-노호-와 도노요-니 사레마스까?

엔으로 해 주세요. / 원으로 해 주세요.

円で お願いします。 / ウォンで お願いします。

엔데 오네가이시마스 / 원데 오네가이시마스

미안하지만, 이거 취소해 주세요.

申し訳ありませんが、これは ひいて ください。

모 - 시와께아리마셍가, 고레와 히이테 구다사이

귀국

☆ 주요연락처

- **주한일본대사관** : 02-733-5626

- **주일한국대사관** : 東京(도쿄) : 03-3452-7611-9
  大阪(오사카) : 06-6213-1401~10
  福岡(후쿠오카) : 092-771-0461~3
  札幌(삿포로) : 011-621-0288~9

- **인천공항** : 032-741-0104

- **항공사(일본에서)** : JAL) 0120-25-5931
  ANA) 0120-029-222
  JAS) 0120-7-11283
  KE) 0088-21-2001(대한항공)
  OZ) 03-5572-7651(아시아나)

- **항공사(한국에서)** : JAL) 02-757-1711
  ANA) 02-752-9090
  JAS) 02-752-5500
  KE) 02-1588-2001(대한항공)
  OZ) 02-1588-8000(아시아나)

- **그밖의 긴급전화** : 긴급전화 (일본에서) – 110
  화재신고 – 119
  전화안내 – 104
  범죄신고 – 112

부록

분야별 단어

1. 요일 · 때를 나타내는 말

1월	1月(いちがつ)	이치가츠
2월	2月(にがつ)	니가츠
3월	3月(さんがつ)	상가츠
4월	4月(しがつ)	시가츠
5월	5月(ごがつ)	고가츠
6월	6月(ろくがつ)	로꾸가츠
7월	7月(しちがつ)	히치가츠
8월	8月(はちがつ)	하치가츠
9월	9月(くがつ)	쿠가츠
10월	10月(じゅうがつ)	쥬-가츠
11월	11月(じゅういちがつ)	쥬-이치가츠
12월	12月(じゅうにがつ)	쥬-니가츠
월요일	月曜日(げつようび)	게츠요-비
화요일	火曜日(かようび)	카요-비
수요일	水曜日(すいようび)	스이요-비
목요일	木曜日(もくようび)	모꾸요-비
금요일	金曜日(きんようび)	킹요-비
토요일	土曜日(どようび)	도요-비
일요일	日曜日(にちようび)	니치요-비
봄	春(はる)	하루
여름	夏(なつ)	나츠
가을	秋(あき)	아키
겨울	冬(ふゆ)	후유
그저께	おととい	오또또이

내일	明日(あした)	아시따
다음주	来週(らいしゅう)	라이슈-
대개	たいてい	타이테이
때때로	ときどき	토끼도끼
매달	毎月(まいつき)	마이츠키
매일	毎日(まいにち)	마이니치
매주	毎週(まいしゅう)	마이슈-
모레	あさって	아삿테
무슨 요일	なんようび	난요-비
밤	夜(よる)	요루
어제	昨日(きのう)	키노-
언제나	いつも	이츠모
오늘	今日(きょう)	쿄-
오전중	午前中(ごぜんちゅう)	고젠츄-
오후	午後(ごご)	고고
이번주	今週(こんしゅう)	콘슈-
일주일	1週間(いっしゅうかん)	잇슈-캉
저녁	夕方(ゆうがた)	유-가타
종종	しばしば	시바시바
주말	週末(しゅうまつ)	슈-마츠
지금	今(いま)	이마
지난주	先週(せんしゅう)	센슈-
평일	平日(へいじつ)	헤-지츠
하루종일	一日中(いちにちじゅう)	이치니치쥬-
한밤중	真夜中(まよなか)	마요나까

분야별단어

2. 방향

남	南(みなみ)	미나미
대각선 우측	斜(なな)め右(みぎ)	나나메미기
대각선 좌측	斜(なな)め左(ひだり)	나나메히다리
대각선	斜(なな)め	나나메
동	東(ひがし)	히가시
동서남북	東西南北(とうざいなんぼく)	토-자이남보꾸
뒤	後(うし)ろ	우시로
맞은편	向(むか)い側(がわ)	무카이가와
방향	方向(ほうこう)	호-코-
반대방향	反対方向(はんたいほうこう)	한따이호-코-
반대편	反対側(はんたいがわ)	한따이가와
북	北(きた)	키따
상하	上下(じょうげ)	죠-게
서	西(にし)	니시
시계방향으로	時計回(とけいまわ)りに	도케-마와리니
앞	前(まえ)	마에
옆	横(よこ)	요코
오른쪽	右(みぎ)	미기
왼쪽	左(ひだり)	히다리
우측	右側(みぎがわ)	미기가와
위	上(うえ)	우에
이웃	隣(とな)り	토나리
좌우	左右(さゆう)	사유-
좌측	左側(ひだりがわ)	히다리가와

3. 국가명・지명

관동지방	関東地方(かんとうちほう)	칸토-치호-
관서지방	関西地方(かんさいちほう)	칸사이치호-
도쿄	東京(とうきょう)	토-쿄-
독일	ドイツ	도이츠
말레이시아	マレーシア	마레-시아
멕시코	メキシコ	메키시코 미
합중국	アメリカ合衆国(がっしゅうこく)	아메리카갓슈-코쿠
베이징	北京(ペキン)	페킹
북한	北朝鮮(きたちょうせん)	키타쵸-센
브라질	ブラジル	브라지루
서울	ソウル	소우루
수도	首都(しゅと)	슈토
스페인	スペイン	스페인
시도	府県(ふけん)	후켄
싱가폴	シンガポール	싱가포-루
영국	イギリス	이기리스
이태리	イタリア	이타리아
일본	日本(にほん)	니혼
중국	中国(ちゅうごく)	츄-고쿠
캐나다	カナダ	카나다
태국	タイ	타이
프랑스	フランス	후란스
한국	韓国(かんこく)	캉코쿠
호주	オーストラリア	오-스토라리아

4. 자주 쓰는 동사

가다	行(い)く	이쿠
가능하다	できる · 可能(かのう)だ	데키루·카노-다
거절하다	断(ことわ)る	고또와루
걱정하다	心配(しんぱい)する	심빠이스루
끝나다	終(お)わる	오와루
놀다	遊(あそ)ぶ	아소부
되돌아가다, 오다	戻(もど)る	모도루
듣다	聞(き)く	키쿠
들다, 가지다	持(も)つ	모츠
떠나다	去(さ)る	사루
마시다	飲(の)む	노무
만나다	会(あ)う	아우
만들다	作(つく)る	츠쿠루
말하다	言(い)う	이우
말하다	話(はな)す	하나스
먹다	食(た)べる	다베루
묻다	尋(たず)ねる	타즈네루
믿다	信(しん)じる	신지루
반복하다	くり返(かえ)す	쿠리카에스
반대하다	反対(はんたい)する	한타이스루
받다	受(う)け取(と)る	우케토루
보내다	送(おく)る	오쿠루
보다	見(み)る	미루
빌려주다	貸(か)す	카스

사다	買(か)う	카우
생각하다	考(かんが)える	캉가에루
세우다	建(た)てる	타테루
시작하다	始(はじ)める	하지메루
쓰다	書(か)く	카쿠
앉다	座(すわ)る	스와루
알다	知(し)る	시루
알리다, 말하다	告(つ)げる	츠게루
얻다	得(え)る	에루
오다	来(く)る	쿠루
원하다	望(のぞ)む・ほしい	노조무・호시이
이해하다	理解(りかい)する	리카이스루
일어나다(사건)	起(お)こる	오코루
일하다	克(はたら)く	하따라쿠
읽다	読(よ)む	요무
입다	着(き)る	키루
잊어버리다	忘(わす)れる	와스레루
잡다	取(と)る	토루
조사하다	調(しら)べる	시라베루
주다	与(あた)える・あげる	아따에루・아게루
즐기다	楽(たの)しむ	다노시무
찾아내다	見(み)つける	미츠께루
추천하다	推薦(すいせん)する	스이센스루
팔다	売(う)る	우루
필요로 하다	必要(ひつよう)とする	히츠요-또스루

분야별단어

5. 자주 쓰는 형용사

가볍다	軽(かる)い	가루이
가늘다	細(ほそ)い	호소이
깨끗하다	清潔(せいけつ)だ	세-케츠다
나쁘다	悪(わる)い	와루이
낮다	低(ひく)い	히꾸이
높다, 키가 크다	高(たか)い	타까이
넓다	広(ひろ)い	히로이
단단하다	固(かた)い	가타이
더럽다	きたない	키따나이
두텁다	太(ふと)い・厚(あつ)い	후또이・아츠이
무겁다	重(おも)い	오모이
부드럽다	柔(やわ)らかい	야와라까이
많다	多(おお)い	오오이
밝다	明(あかる)い	아까루이
비싸다	高(たか)い	타까이
싸다	安(やす)い	야스이
새롭다	新(あたら)しい	아따라시이
아름답다	美(うつく)しい	우츠쿠시이
없다	ない	나이
있다	ある	아루
작다	小(ちい)さい	치이사이
좁다	狭(せま)い	세마이
좋다	いい・よい	이이·요이
크다	大(おお)きい	오오키이

6. 연결하는 말

게다가	そのうえ	소노우에
결국	つまり・結局(けっきょく)	츠마리・켓쿄쿠
과연	なるほど・やはり	나루호도・야하리
그래?	ふうん	후웅
그러니까	だから	다까라
그런데	ところで	도코로데
그렇지	そうか!	소-까
그리고	そして・それから	소시떼・소레까라
뭐? (놀라움)	ええ?	에-?
솔직히 말하자면	実(じつ)を言(い)うと	지츠오이우또
실은	実(じつ)は	지츠와
아마도	おそらく	오소라꾸
아무래도	どうやら	도-야라
아아!	ああ!	아아!
어?	あれっ?	아렛?
어쨌든	いずれにせよ	이즈레니세요
여하튼	なにしろ	나니시로
왜냐하면	なぜなら	나제나라
우선	とりあえず	토리아에즈
저	えーと	에-또
적어도	少(すく)なくとも	스꾸나꾸토모
정말?	本当(ほんとう)?	혼또?
즉	つまり	츠마리
하지만	でも	데모

7. 일본의 공휴일과 연중행사

신정(1/1)	お正月(しょうがつ)	오쇼-가츠
성인의 날(1월 둘째月)	成人(せいじん)の日(ひ)	세-진노 히
건국기념일(2/11)	建国記念日(けんこくきねんび)	켄코쿠키넨비
춘분(3/21일경)	春分(しゅんぶん)の日(ひ)	슌분노 히
녹색의 날(4/29)	みどりの日(ひ)	미도리노 히
헌법기념일(5/3)	憲法記念日(けんぽうきねんび)	켄포-키넨비
어린이날(5/5)	子(こ)どもの日(ひ)	코도모노 히
바다의 날(7/20)	海(うみ)の日(ひ)	우미노 히
경로의 날(9월 셋째月)	敬老(けいろう)の日(ひ)	케-로-노 히
추분(9/23일경)	秋分(しゅうぶん)の日(ひ)	슈-분노 히
체육의 날(10월 둘째月)	体育(たいいく)の日(ひ)	타이이꾸노 히
문화의 날(11/13)	文化(ぶんか)の日(ひ)	분카노 히
근로자의 날(11/23)	勤労感謝(きんろうかんしゃ)の日(ひ)	킨로-칸샤노 히
천황탄생일(12/23)	天皇誕生日(てんのうたんじょうび)	텐노-탄쬬-비
입춘 전날(2/3)	節分(せつぶん)	세츠분
여아 축제일(3/3)	ひな祭(まつ)り	히나마츠리
꽃놀이	花見(はなみ)	하나미
골든위크(5월초)	ゴールデンウィーク	고르덴위-크
칠석(7/7)	七夕祭(たなばたまつ)り	타나바타마츠리
달놀이(음력8/15)	月見(つきみ)	츠키미
오봉(8/13~15)	お盆(ぼん)	오봉(추석에 해당)
시치고상(11/15)	七五三(しちごさん)	시치고상
섣달그믐(12/31)	大晦日(おおみそか)	오-미소까
도시코시소바	年越(としこ)しそば	토시코시소바

8. 의복

T셔츠	Tシャツ	티-샤츠
가디건	カーディガン	가-디간
기성품	既製品(きせいひん)	키세-힝
나들이 옷	晴(は)れ着(ぎ)	하레기
드레스	ドレス	도레스레인
코트	レインコート	레인코-토
바지	ズボン	즈봉
반바지	半ズボン	한즈봉
벗다	脱(ぬ)ぐ	누구
베스트	ベスト	베스토
블라우스	ブラウス	부라우스
상복	喪服(もふく)	모후쿠
속옷	下着(したぎ)	시따기
수영복	水着(みずぎ)	미즈기
슈트	スーツ	스-츠
스웨터	セーター	세-타-
스타킹	ストッキング	스토킹구
와이셔츠	ワイシャツ	와이샤츠
원피스	ワンピース	완피스
입다	着(き)る	키루
자켓	ジャケット	쟈켓또
점퍼	ジャンパー	잠바-
치마	スカート	스카-토
코트	コート	코-토

9. 가전제품

가습기	加湿器(かしつき)	카시츠키
건조기	乾燥機(かんそうき)	간소-키
게임기	ゲーム機(き)	게-무키
공기청정기	エアクリーナー	에아크리-나
냉동고	冷凍庫(れいとうこ)	레-토-코
냉장고	冷蔵庫(れいぞうこ)	레-조-코
다리미	アイロン	아이롱
디지털카메라	デジタルカメラ	데지타루카메라
라디오	ラジオ	라지오
라디오카세트	ラジカセ	라지카세
믹서	ミキサー	미키사-
비디오	ビデオ	비데오
선풍기	扇風機(せんぷうき)	센푸-키
세탁기	洗濯機(せんたくき)	센타꾸키
세척기	皿洗(さらあら)い機(き)	사라아라이키
에어컨	エアコン	에아콘
전기밥솥	電気釜(でんきがま)	덴키가마
전기식탁	こたつ	코타츠
전자렌지	電子(でんし)レンジ	뎅시렌지
청소기	掃除機(そうじき)	소-지키
충전기	充電器(じゅうでんき)	쥬-덴키
커피메이커	コーヒーメーカー	코-히-메-카-
텔레비전	テレビ	테레비
헤어 드라이어	ドライヤー	도라이야

10. 조리법

간을 하다	味(あじ)をつける	아지오츠케루
갈다	すりおろす	스리오로스
국물을 내다	だしをとる	다시오토루
굽다	焼(や)く	야쿠
끓이다	湯(ゆ)をわかす・煮(に)る	유오와카스・니루
녹이다	溶(と)かす	토카스
담그다	漬(つ)ける	츠케루
담다	盛(も)りつける	모리츠케루
데우다	温(あたた)める	아타타메루
무치다	和(あ)える	아에루
벗기다	むく	무쿠
볶다	炒(いた)める	이따메루
불리다	ふやかす	후야까스
삶다	ゆでる	유데루
자르다 썰다	切(き)る	키루
잘게 썰다	刻(きざ)む	키자무
재료	材料(ざいりょう)	자이료-
쬐어 굽다	あぶる	아부루
짓다	ご飯(はん)をたく	고항오타쿠
찌다	蒸(む)す	무스
튀기다	揚(あ)げる	아게루
푹 삶다	煮込(にこ)む	니코무
해동하다	解凍(かいとう)する	카이토-스루
훈제하다	くんせいする	쿤세-스루

분야별단어

11. 고기

가슴살	胸肉(むなにく)	무나니꾸
갈비	あばら肉(にく)	아바라니꾸
거위	がちょう	가쿄-
닭고기	鶏肉(とりにく)	토리니꾸
돼지고기	豚肉(ぶたにく)	부따니꾸
등심살	ヒレ	히레
메추라기	うずら	우즈라
베이컨	ベーコン	베-콘
비둘기	はと	하토
비엔나 소시지	ウィンナーソーセージ	윈나소-세-지
비프 져키	ビーフジャーキー	비-후자-키-
살라미	サラミ	사라미
삼겹살	三枚肉(さんまいにく)	삼마이니꾸
새 고기(총칭)	鳥(とり)の肉(にく)	토리노니꾸
새끼양 고기	仔羊(こひつじ)の肉(にく)	고히츠지노니꾸
소시지	ソーセージ	소-세-지
송아지 고기	仔牛(こうし)の肉(にく)	코우시노니꾸
쇠고기	牛肉(ぎゅうにく)	규-니꾸
양고기	羊(ひつじ)の肉(にく)	히츠지노니꾸
오리	あひる	아히루
저민 고기	ひき肉(にく)	히키니꾸
칠면조	七面鳥(しちめんちょう)	시치멘쿄-
프랭크소시지	フランクフルトソーセージ	후랑크후루토소-세-지
햄	ハム	하무

12. 어패류

가다랑어	かつお	카츠오가
가리비	ほたて貝(がい)	호타테가이
가자미	かれい	카레-
게	かに	카니
고등어	さば	사바
다랑어 말린 것	かつお節(ぶし)	카츠오부시
다시마	こんぶ	콘부
대하	大(おお)きなえび	오오키나에비
랍스터	ロブスター	로부스타-
무당게	たらばがに	타라바가니
문어	たこ	타코
방어	ぶり	부리
복어	ふぐ	후구
새우	海老(えび)	에비
성게	うに	우니
송어	ます	마스
연어 알젓	すじこ・いくら	스지코・이꾸라
오징어	いか	이까
전복	あわび	아와비
정어리	いわし	이와시
조개	貝(かい)	카이
참치	まぐろ	마구로
청어	にしん	니싱
해삼	なまこ	나마코

분야별단어

13. 야채

감자	じゃがいも	자가이모
고구마	さつまいも	사츠마이모
당근	にんじん	닌진
마늘	にんにく	닌니꾸
무	大根(だいこん)	다이콘
밤	栗(くり)	쿠리
버섯	きのこ	키노코
브로컬리	ブロッコリー	브롯코리-
생강	しょうが	쇼-가
시금치	ほうれんそう	호-렌소-
아스파라거스	アスパラガス	아스파라가스
야채	野菜(やさい)	야사이
양배추	キャベツ	캬베츠
양상추	レタス	레타스
양파	玉(たま)ねぎ	타마네기
오이	きゅうり	큐-리
완두콩	えんどう豆(まめ)	엔도-마메
죽순	たけのこ	타케노코
콩	豆(まめ)	마메
토마토	トマト	토마토
파	ねぎ	네기
표고버섯	しいたけ	시이타케
피망	ピーマン	피-망
호박	かぼちゃ	카보챠

14. 과일

감	かき	카키
딸기	いちご	이치고
레몬	レモン	레몬
멜론	メロン	메론
바나나	バナナ	바나나
배	なし	나시
복숭아	桃(もも)	모모
사과	りんご	링고
귤	みかん	미칸
수박	すいか	스이카
씨없는 포도	種(たね)なしぶどう	타네나시부도-
아보카도	アボカド	아보카도
오렌지	オレンジ	오렌지
자두	すもも	스모모
키위	キウイ	키우이
포도	ぶどう	부도-
참외	まくわうり	마쿠와우리

15. 과자

경단	団子(だんご)	단고
과자	お菓子(かし)	오카시
껌	ガム	가무
사탕	あめ	아메
셔벗	シャーベット	샤-벳또
쌀과자	おせんべい	오센베-

16. 음료

고급 가루 녹차	抹茶(まっちゃ)	맛챠
녹차	緑茶(りょくちゃ)	료쿠챠
달인 차	煎茶(せんちゃ)	센챠
물	水(みず)	미즈
보리차	麥茶(むぎちゃ)	무기챠
소다	ソーダ	소-다
오렌지 쥬스	オレンジジュース	오렌지주-스
우롱차	ウーロン茶(ちゃ)	우-롱챠
음료수	飲み物(のみもの)	노미모노
커피	コーヒー	코-히-
코코아	ココア	코코아
콜라	コーラ	코-라
홍차	紅茶(こうちゃ)	코-챠

17. 술

과실주	果実酒(かじつしゅ)	카지츠슈
맥주	ビール	비-루
물 탄 술	水割(みずわ)り	미즈와리
브랜디	ブランデー	브란데-
얼음을 넣은 술	ロック	롯꾸
와인	ワイン	와인
위스키	ウィスキー	위스키-
일본주	日本酒(にほんしゅ)	니혼슈
칵테일	カクテル	카쿠테루
토속주(민속주)	地酒(じざけ)	지자케

18. 음식점 · 식료품점

과자가게	お菓子屋(かしや)	오카시야
레스토랑	レストラン	레스토랑
바	バー	바-
빵집	パン屋(や)	팡야
생선가게	魚屋(さかなや)	사카나야
슈퍼마켓	スーパーマーケット	스-파-마-켓또
야채가게	八百屋(やおや)	야오야
이태리 요리점	イタリア料理店(りょうりてん)	이타리아료-리텐
일본 요리점	日本料理店(にほんりょうりてん)	니혼료-리텐
일본과자 판매점	和菓子屋(わがしや)	와가시야
작은 주점	居酒屋(いざかや)	이자카야
정육점	肉屋(にくや)	니꾸야
조제 식품	デリカテッセン	데리카텟센
주류 판매점	酒屋(さかや)	사카야
중국 요리점	中華料理店(ちゅうかりょうりてん)	츄-카료-리텐
찻집	喫茶店(きっさてん)	킷사텡
초밥집	すし屋(や)	스시야
케익가게	ケーキ屋(や)	케-키야
태국 요리점	タイ料理店(りょうりてん)	타이료-리텐
패밀리레스토랑	ファミリーレストラン	화미리-레스토랑
패스트푸드점	ファーストフード	화-스토후-도
편의점	コンビニ(エンスストア)	콘비니(엔스스토아)
포장마차	屋台(やたい)	야따이
프랑스 요리점	フランス料理店(りょうりてん)	후란스료-리텐

19. 레스토랑에서

계산	計算(けいさん)	케-산
계산서	勘定書(かんじょうしょ)	칸죠-쇼
냅킨	ナプキン	나푸킨
디저트	デザート	데자-토
만원	満員(まんいん)	망인
매너	マナー	마나-
메뉴	メニュー	메뉴
메인 요리	メインディッシュ	메인딧슈
생선요리	魚料理(さかなりょうり)	사카나료-리
서머리애(포도주급사)	ソムリエ	소무리에
스프	スープ	스-프
예약석	予約席(よやくせき)	요야쿠세키
예약	予約(よやく)	요야쿠
요리사	コック	콕꾸
웨이터	ウェイター	웨이타-
웨이트리스	ウェイトレス	웨이토레스
일품요리	一品料理(いっぴんりょうり)	잇삥료-리
전채	前菜(ぜんさい)	젠사이
정식	定食(ていしょく)	테-쇼쿠
주문	注文(ちゅうもん)	츄-몬주
주방장	シェフ	쉐후
카운터	会計(かいけい)	카이케-
코스요리	コース料理(りょうり)	코-스료-리
팁	チップ	칩뿌

20. 거리·장소

공원	公園(こうえん)	코-엔
광장	広場(ひろば)	히로바
교차로	交差点(こうさてん)	코-사텡
교회	教会(きょうかい)	코-카이
다리	橋(はし)	하시
대성당	大聖堂(だいせいどう)	다이세-도-
뒷골목	裏通(うらどお)り	우라도-리
미술관	美術館(びじゅつかん)	비쥬츠캉
번화가	繁華街(はんかがい)	한카가이
빌딩	ビル	비루
상가	商店街(しょうてんがい)	쇼-텡가이
성	城(しろ)	시로
수족관	水族館(すいぞくかん)	스이조쿠캉
신사	神社(じんじゃ)	진쟈
오르막길	上(のぼ)り坂(ざか)	노보리자카
오피스가	オフィス街(がい)	오 휘스가이
육교	歩道橋(ほどうきょう)	호도-쿄-
인도	歩道(ほどう)	호도-
전망대	展望台(てんぼうだい)	텐보-다이
절	寺(てら)	테라
주택가	住宅地(じゅうたくち)	주-타쿠치
지하	地下(ちか)	치카
하천	河川(かせん)	카셍
호텔	ホテル	호테루

분야별단어

21. 여행

가이드북	ガイドブック	가이도붓꾸
관광	観光(かんこう)	캉코-
관광가이드	観光(かんこう)ガイド	캉코-가이도
관광안내소	観光案内所(かんこうあんないじょ)	캉코-안나이쬬
국내여행	国内旅行(こくないりょこう)	코쿠나이료코-
면세점	免税点(めんぜいてん)	멘제-텡
선물	おみやげ	오미야게
수행안내원	添乗員(てんじょういん)	텡쬬-잉
슈트케이스	スーツケース	스-츠케-스
시차	時差(じさ)	지사
여비	旅費(りょひ)	료히
여행사	旅行会社(りょこうがいしゃ)	료코-가이샤
여행자	旅行者(りょこうしゃ)	료코-샤
왕복	往復(おうふく)	오-후쿠
일정	日程(にってい)	닛테-
입국	入国(にゅうこく)	뉴-코쿠
자유시간	自由時間(じゆうじかん)	지유-지캉
지도	地図(ちず)	치즈
집합장소	集合場所(しゅうごうばしょ)	슈-고-바쇼
출국	出国(しゅっこく)	슛코쿠
투어	ツアー	츠아-
패키지여행	パック旅行(りょこう)	팟꾸료코-
편도	片道(かたみち)	카따미치
해외여행	海外旅行(かいがいりょこう)	카이가이료코-

22. 기차·전철

개찰구	改札口(かいさつぐち)	카이사츠구치
급행	急行(きゅうこう)	큐−코−
대합실	待合室(まちあいしつ)	마치아이시츠
막차	終電(しゅうでん)	슈−덴
매점	売店(ばいてん)	바이텡
매표소	切符売(きっぷう)り場(ば)	킷뿌우리바
목적지	目的地(もくてきち)	모쿠테키치
식당차	食堂車(しょくどうしゃ)	쇼꾸도−샤
신칸센	新幹線(しんかんせん)	신칸센
역	駅(えき)	에끼
왕복표	往復切符(おうふくきっぷ)	오−후꾸킷뿌
우등열차	グリーン車(しゃ)	그린샤
유실물센터	遺失物取扱所(いしつぶつとりあつかいしょ)	
		이시츠부츠토리아쯔까이쇼
종착역	終着駅(しゅうちゃくえき)	슈−챠꾸에끼
지하철	地下鐵(ちかてつ)	치카테츠
첫차	始発(しはつ)	시하츠
출발역	始発駅(しはつえき)	시하츠에끼
침대차	寝台車(しんだいしゃ)	신다이샤
편도표	片道切符(かたみちきっぷ)	카따미치킷뿌
표자동 판매기	切符自動販買機(きっぷじどうはんばいき)	
		킷뿌지도−한바이키
플랫폼	プラットホーム	프랏또호−무
환승	乗(の)り換(か)え	노리카에

23. 스포츠

결승	決勝(けっしょう)	켓쇼-
골프	ゴルフ	고루후
농구	バスケットボール	바스켓또보-루
럭비	ラグビー	라구비-
무도	武道(ぶどう)	부도-
무승부	引(ひ)き分(わ)け	히키와케
배구	バレーボール	바레-보-루
배드민턴	バトミントン	바도민톤
수영	水泳(すいえい)	스이에이
스노보드	スノーボード	스노-보-도
스쿠버다이빙	スキューバダイビング	스큐-바다이빙
스키	スキー	스키-
아마추어	アマチュア	아마츄아
야구	野球(やきゅう)	야큐-
양궁	アーチェリー	아-체리-
올림픽	オリンピック	오림픽꾸
운동하다	運動(うんどう)する	운도-스루
월드컵	ワールドカップ	와-루도캅뿌
윈드서핑	サーフィン	사-휜
조깅	ジョギング	조깅구
축구	サッカー	삿카-
탁구	卓球(たっきゅう)	탓뀨-
테니스	テニス	테니스
프로선수	プロ選手(せんしゅ)	프로센슈

24. 영화 · 연극 · 공연

각본가	脚本家(きゃくほんか)	캬쿠혼카
감독	監督(かんとく)	칸또꾸
객석	客席(きゃくせき)	캬쿠세키
관람하다	観覧(かんらん)する	칸란스루
극장	劇場(げきじょう)	게키죠-
남자 배우	男優(だんゆう)	단유-
매진	売(う)り切(き)れ	우리키레
무대	舞台(ぶたい)	부타이
뮤지컬	ミュージカル	뮤-지카루
발레	バレエ	바레-
배우	俳優(はいゆう)	하이유-
비극	悲劇(ひげき)	히게끼
아카데미상	アカデミー賞(しょう)	아카데미-쇼-
애니메이션	アニメ	아니메
엑스트라	脇役(わきやく)	와키야꾸
여배우	女優(じょゆう)	죠유-
연기하다	演技(えんぎ)する	엔기스루
영화관	映画館(えいがかん)	에-가캉
영화제	映画祭(えいがさい)	에-가사이
예매권	前売券(まえうりけん)	마에우리켐
우리말 녹음판	吹替版(ふきかえばん)	후키카에방
입장권	入場券(にゅうじょうけん)	뉴-죠-켐
지정석	指定席(していせき)	시테-세끼
티켓 판매소	チケット売(う)り場(ば)	치켓또우리바

25. 출판관련

계약기간	契約期間(けいやくきかん)	케-야꾸키캉
교정	校正(こうせい)	코-세-
레이아웃	レイアウト	레이아우또
북커버	ブックカバー	붓꾸카바-
삽화	挿絵(さしえ)	사시에
선불금	前払金(まえばらいきん)	마에바라이킹
에이전시	エージェンシー	에-젠-시-
원고	原稿(げんこう)	겡코-
인세	印金(いんぜい)	인제-
인쇄	印刷(いんさつ)	인사츠
일러스트	イラスト	이라스토
재판	再版(さいはん)	사이항
정산	精算(せいさん)	세-산
저자	著者(ちょしゃ)	쵸샤
저작권	著作権(ちょさくけん)	쵸사꾸켕
제판	製版(せいはん)	세-한
제본	製本(せいほん)	세-혼
중쇄	重刷(じゅうさつ)	쥬-사츠
초판발행	初版発行 (しょはんはっこう)	쇼한핫꼬-
출판	出版(しゅっぱん)	슛판
출판원	出版元(しゅっぱんもと)	슛판모토
텍스트화일	テキストファイル	테키스토화이루
판권계약	版権契約(はんけんけいやく)	항켕케-야꾸

26. 학교

유치원	幼稚園(ようちえん)	요-치엔
보육원	保育園(ほいくえん)	호이쿠엔
초등학교	小学校(しょうがっこう)	쇼-각꼬-
중학교	中学校(ちゅうがっこう)	츄-각코-
고등학교	高等学校(こうとうがっこう)	코-토-각꼬-
단기대학	短期大学(たんきだいがく)	탄키다이가꾸
종합대학	総合大学(そうごうだいがく)	소-고-다이가꾸
단과학교	単科学校(たんかがっこう)	탄까각꼬-
대학원	大学院(だいがくいん)	다이가꾸잉
공립대학	公立大学(こうりつだいがく)	코-리츠다이가꾸
사립대학	私立大学(しりつだいがく)	시리츠다이가꾸
전문대학	専門大学(せんもんだいがく)	센몬다이가꾸
입시학원, 학원	予備校(よびこう), 塾(じゅく)	요비코-, 쥬꾸
입학시험	入学試験(にゅうがくしけん)	뉴-가꾸시켕
논술	小論文(しょうろんぶん)	쇼-론분
선택과목	選択科目(せんたくかもく)	센따꾸카모꾸
유학생	留学生(りゅうがくせい)	류-각세-
입학식	入学式(にゅうがくしき)	뉴-가꾸시끼
장학금	奨学金(しょうがくきん)	쇼-가꾸킹
졸업식	卒業式(そつぎょうしき)	소츠교-시끼
필수과목	必修科目(ひっしゅうかもく)	힛슈-카모꾸
학기	金期(がっき)	각키
학비	金費(がくひ)	가꾸히
학점	単位(たんい)	탄이

27. 학과 · 학문

경제학	経済学(けいざいがく)	케-자이가꾸
고고학	考古学(こうこがく)	코-코가꾸
공학	工学(こうがく)	코-가꾸
과학	科学(かがく)	카가꾸
국어	国語(こくご)	코꾸고
물리	物理(ぶつり)	부츠리
법학	法学(ほうがく)	호-가꾸
사회학	社会学(しゃかいがく)	샤카이가꾸
생물	生物(せいぶつ)	세-부츠
수학	数学(すうがく)	스-가꾸
심리학	心理学(しんりがく)	신리가꾸
신문방송학	新聞放送学(しんぶんほうそうがく)	신분호-소-가꾸
역사학	歴史学(れきしがく)	레키시가꾸
어학	語学(ごがく)	고가꾸
우주과학	宇宙科学(うちゅうかがく)	우츄-카가꾸
의학	医学(いがく)	이가꾸
인문과학	人文科学(じんぶんかがく)	진분카가꾸
정보처리	情報処理(じょうほうしょり)	죠-호-쇼리
지리	地理(ちり)	치리
천문학	天文学(てんもんがく)	텐몬가꾸
철학	哲学(てつがく)	테츠가꾸
체육	体育(たいいく)	타이이꾸
한문	漢文(かんぶん)	칸분
화학	化学(かがく)	카가꾸

28. 문구

가위	はさみ	하사미
노트	ノート	노-토
만년필	万年筆(まんねんひつ)	만넨히츠
매직	マジック	마직꾸
메모용지	メモ用紙(ようし)	메모요-시
바인더	バインダー	바인다-
볼펜	ボールペン	보-루펜
사인펜	サインペン	사인펜
색연필	色鉛筆(いろえんぴつ)	이로엔피츠
샤프	シャープペンシル	샤-프펜시루
샤프심	(替(か)え)芯(しん)	(카에)신
수정액	修正液(しゅうせいえき)	슈-세-에끼
스카치테이프	セロテープ	세로테-푸
연필깎기	鉛筆削(えんぴつけず)り	엔피츠케즈리
연필	鉛筆(えんぴつ)	엔피츠
자	定規(じょうぎ)	죠-기
전자계산기	電卓(でんたく)	덴따꾸
지우개	消(け)しゴム	케시고무
커터	カッター	캇따-
클립	クリップ	쿠립푸
파일	ファイル	화이루
풀	のり	노리
형광펜	蛍光(けいこう)マーカー	케-코-마-카-
호치키스	ホッチキス	홋치키스

29. 컴퓨터·사무기기

노트북 컴퓨터	ノート型(がた)パソコン	노-토가따파소콘
마우스	マウス	마우스
모니터	モニター	모니타-
복사기	コピー機(き)	코피-
부팅하다	立(た)ち上(あ)げる	타치아게루
불러내다	読(よ)み込(こ)む	요미코무
소프트웨어	ソフトウェア	소후토웨아
스캐너	スキャナー	스캬나-
워드 프로세서	ワープロ	와-프로
이메일	Eメール	이-메-루
인터넷	インターネット	인타-넷또
입력	入力(にゅうりょく)	뉴-료꾸
저장하다	保存(ほぞん)する	호존스루
접속하다	接続(せつぞく)する	세츠조꾸스루
종료하다	終了(しゅうりょう)する	슈-료-스루
출력	出力(しゅつりょく)	슈츠료꾸
컴퓨터 바이러스	コンピュータールウィルス	콤퓨-타-위루스
키보드	キーボード	키-보-도
퍼스널 컴퓨터	パソコン	파소콘
패스워드	パスワード	파스와-도
프린터	プリンター	프린타-
하드 디스크	ハードディスク	하-도디스크
홈페이지	ホームページ	호-무페-지
화면	スクリーン(画面(がめん))	스크린(가멘)

30. 직종

간호부	看護婦(かんごふ)	캉고후
건축사	建築士(けんちくし)	켄치꾸시
검사	検事(けんじ)	켄지
경찰관	警察官(けいさつかん)	케ー사츠캉
공무원	公務員(こうむいん)	코ー무잉
농부	農夫(のうふ)	노ー후
목수	大工(だいく)	다이쿠
변호사	弁護士(べんごし)	벤고시
서비스업	サービス業(ぎょう)	사ー비스교ー
세무사	税理士(ぜいりし)	제ー리시
약사	薬剤師(やくざいし)	야쿠자이시
어부	漁師(りょうし)	료ー시
엔지니어	エンジニア(技師(ぎし))	엔지니아(기시)
은행원	銀行員(ぎんこういん)	깅코ー잉
의사	医者(いしゃ)(医師(いし))	이샤(이시)
자영업	自営業(じえいぎょう)	지에ー교ー
작가	作家(さっか)	삭까
점원	店員(てんいん)	텡잉
조리사	調理師(ちょうりし)	쵸ー리시
판사	判事(はんじ)	항지
프로그래머	プログラマー	프로그라마ー
화가	画家(がか)	가까
회계사	会計士(かいけいし)	카이케이시
회사원	会社員(かいしゃいん)	카이샤잉

분야별단어

31. 직무 · 직함

사원	社員(しゃいん)	샤잉
계장	係長(かかりちょう)	카카리쵸-
과장	課長(かちょう)	카쵸-
과장대리	課長代理(かちょうだいり)	카쵸-다이리
차장	次長(じちょう)	지쵸-
부장	部長(ぶちょう)	부쵸-
이사	取締役(とりしまりやく)	토리시마리야꾸
상무	常務(じょうむ)	죠-무
부사장	副社長(ふくしゃちょう)	후쿠샤쵸-
사장	社長(しゃちょう)	샤쵸-
대표이사	専務(せんむ)	센무
회장	会長(かいちょう)	카이쵸-
고문	顧問(こもん)	코몬
관계자	関係者(かんけいしゃ)	칸케이샤
감사역	監査役(かんさやく)	칸사야꾸
원장	院長(いんちょう)	인쵸-
위원장	委員長(いいんちょう)	이인쵸-
상사	上司(じょうし)	죠-시
소장	所長(しょちょう)	쇼쵸-
이사장	理事長(りじちょう)	리지쵸-
지배인	支配人(しはいにん)	시하이닝
지점장	支店長(してんちょう)	시텡쵸-
직함	かたがき	카따가키
계약직사원	嘱託(しょくたく)	쇼꾸타쿠

32. 신문·방송

한국어	일본어	발음
TV중계	テレビ中継(ちゅうけい)	테레비츄-케-
기사	記事(きじ)	키지
기자	記者(きしゃ)	키샤
기자회견	記者会見(きしゃかいけん)	키샤카이켄
뉴스	ニュース	뉴-스
라디오	ラジオ	라지오
리포터	レポーター	레포-타-
매스컴	マスコミ	마스코미
방송	放送(ほうそう)	호-소-
보도	報道(ほうどう)	호-도-
보도원	報道源(ほうどうげん)	호-도-겐
사건	事件(じけん)	지켕
생방송	生放送(なまほうそう)	나마호-소-
스캔들	スキャンダル	스칸다루
시청률	視聴率(しちょうりつ)	시쵸-리츠
신문	新聞(しんぶん)	신붕
아나운서	アナウンサー	아나운사-
인터뷰	インタビュー	인타뷰-
잡지	雑誌(ざっし)	잣시
취재	取材(しゅざい)	슈자이
특종	特種(とくだね)	토꾸다네
특파원	特派員(とくはいん)	토꾸하잉
편집인	編集者(へんしゅうしゃ)	헨슈-샤
프로그램	番組(ばんぐみ)	방구미

분야별단어

33. 경제

거래	取(と)り引(ひ)き	토리히키
견적	見積(みつも)り	미츠모리
경기	景気(けいき)	케-키
경제	経済(けいざい)	케-자이
경제원조	経済援助(けいざいえんじょ)	케-자이엔죠
계약	契約(けいやく)	케-야꾸
공급	供給(きょうきゅう)	코-큐-
교섭	交渉(こうしょう)	코-쇼-
기업	企業(きぎょう)	키교-
납기	納期(のうき)	노-키디
디플레이션	デフレ	데후레
무역	貿易(ぼうえき)	보-에끼
물가	物価(ぶっか)	붓까
불황	不況(ふきょう)	후코-
생산	生産(せいさん)	세-산
손실	損失(そんしつ)	손시츠
수요	需要(じゅよう)	쥬요-
수입	輸入(ゆにゅう)	유뉴-
수출	輸出(ゆしゅつ)	유슈츠
이익	利益(りえき)	리에키
이자	利子(りし)	리시인
인플레이션	インフレ	인후레
적자	赤字(あかじ)	아까지
흑자	黒字(くろじ)	쿠로지

34. 신체

가슴	胸(むね)	무네
귀	耳(みみ)	미미
눈	目(め)	메
다리	脚(あし)	아시
머리	頭(あたま)	아따마
목	首(くび)	쿠비
무릎	膝(ひざ)	히자
발	足(あし)	아시
배	おなか	오나까
뼈	骨(ほね)	호네
손	手(て)	테
심장	心臓(しんぞう)	신조-
어깨	肩(かた)	카따
얼굴	顔(かお)	카오
엉덩이	おしり	오시리
위	胃(い)	이
이	歯(は)	하
입	口(くち)	쿠치
입술	唇(くちびる)	쿠치비루
장	腸(ちょう)	쵸-
코	鼻(はな)	하나
피부	皮膚(ひふ)	히후
허리	腰(こし)	코시
혈액형	血液型(けつえきがた)	케츠에끼가따

35. 약

가루약	粉薬(こなぐすり)	코나구스리
감기약	風邪薬(かぜぐすり)	카제구스리
먹는약	飲(の)み薬(ぐすり)	노미구스리
멀미약	乗(の)り物酔(ものよ)いの薬(くすり)	노리모노요이노구스리
바르는약	塗り薬(ぬりぐすり)	누리구스리
반창고	ばんそうこう	반소-코-
벌레물린 데 바르는 약	虫刺(むしさ)され薬(やく)	무시사사레야꾸
붕대	包帯(ほうたい)	호-따이
비타민제	ビタミン剤(ざい)	비타민자이
수면제	睡眠薬(すいみんやく)	스이민야쿠
식간	食間(しょっかん)	숏칸
식전	食前(しょくぜん)	쇼쿠젠
식후	食後(しょくご)	쇼꾸고
안약	目薬(めぐすり)	메구스리
알약	錠剤(じょうざい)	죠-자이
약국	薬局(やっきょく)	얏꼬꾸
위장약	胃薬(いぐすり)	이구스리
좌약	座薬(ざやく)	자야꾸
진통제	陣痛剤(ちんつうざい)	친츠-자이
처방전	処方箋(しょほうせん)	쇼호-센
체온계	体温計(たいおんけい)	타이온케-
콘돔	コンドーム	콘도-무
피임약	ピル	피루
해열제	解熱剤(げねつざい)	게네츠자이

36. 사고

가해자	加害者(かがいしゃ)	카가이샤
교통사고	交通事故(こうつうじこ)	코ー츠ー지코
날치기	ひったくり	힛따쿠리
도난	盗難(とうなん)	토ー난
도둑	泥棒(どろぼう)	도로보ー
도망가다	逃(に)げる	니게루
몸값	身代金(みのしろきん)	미노시로킹
미아가 되다	迷子(まいご)になる	마이고니나루
방화	放火(ほうか)	호ー카
범인	犯人(はんにん)	한닝
변태	変質者(へんしつしゃ)	헨시츠샤
분실	紛失(ふんしつ)	훈시츠
사기	詐欺(さぎ)	사기
상해	傷害(しょうがい)	쇼ー가이
소매치기	スリ	스리
속다	だまされる	다마사레루
유괴	誘拐(ゆうかい)	유ー카이
인질	人質(ひとじち)	히토지치
지갑	財布(さいふ)	사이후
지문	指紋(しもん)	시몬
체포	逮捕(たいほ)	타이호
치한	痴漢(ちかん)	치칸
피해자	被害者(ひがいしゃ)	히가이샤
화재	火事(かじ)	카지

현지에서 바로 통하는
여행일본어회화

개정2판2쇄 / 2024년 10월 25일

발행인 / 이기선

발행처 / 제이플러스

주소 / 경기도 고양시 덕양구 향동로 217 KA1312

영업부 / 02-332-8320 **편집부** / 02-3142-2520

홈페이지 / www.jplus114.com

등록번호 / 제 10-1680호

등록일자 / 1998년 12월 9일

ISBN / 979-11-5601-261-0